誤記・誤用
言葉に気づき倍速記

〜 メモ・ノート、文字起こし・字幕 etc. 〜

小谷征勝
KOTANI Masakatsu

文芸社

まえがき

　最近は文書もスマホやパソコンでつくることが多くなり、日本語を書きあらわす漢字や仮名などの文字は、自分の手で書くのではなく、画面に示されたものを選ぶ時代になったと言われます。そのため、字を間違うことはほとんどないと思っている人も少なくありません。

　しかしながら、そうは言っても社会にあふれる文書の中に言葉の間違いはたくさん出てきます。例えば日記や手紙など日常使われる文書、あるいは議会や裁判所の文字起こしによる大量の発言記録、さらにはテレビや動画等の字幕をつくる際にもたくさん出てきています。それはなぜかというと、言葉をよく知らない人が増えてきたからではないかと言われます。

　また、一方では漢字は読めても書けないという人も増えています。これは文書を手で書く機会が少なくなってきたことに原因があるのでしょうか。あるいは、自分の考えや思いを的確に自分の言葉で伝えるというようなコミュニケーションの機会が少なくなったのでしょうか。特にコロナ禍以降、オンラインでの会議・授業が増えたこともあり、会話のキャッチボールがスムーズにできなくなったのではないかと言われます。

　これら文書から出てくる間違いをなくすには、言葉を適切に使いこなす能力が必要です。しかし、それは辞書などに羅列してあるものを見ることだけではなかなか身につきません。辞書では単なる知識として提示されているにすぎないからです。

それでは、その間違いを起こさないようにするためにはどんなことが必要でしょうか。例えば文書を校正・校閲するという仕事がありますが、ここでの言葉の適切な使い分けについては、実際の文章で実践を重ねることが必要だと言われます。未確定の文章を校正・校閲することによって、間違いのない文書や書物に仕上げていくという経験を繰り返し積むことによって、その能力が獲得されていくわけです。つまり生きた言葉を活用する中でその能力が身についてくると言われます。

　本書では、そういう文字を使って言葉、文章を書き起こしていく場合に起こす間違い──「あっと驚く恥ずかしさ」や、「ええっとあきれられる無知」、そんな情けない状況に陥らないように、誰もがやりそうな誤記・誤用を例に挙げて、日本語を正確に使いこなすヒントをお示しすることができればと考えます。

　ただ、誤記・誤用には限りがなく、絶えず新型も出てきますから、すべての誤りの例を示すことは不可能と言えます。そこで、この本を手にされた皆様方自身が、誤記・誤用の表れ方を強く意識して読んでいただくことにより、「誤りに気づく力」を自己の能力として築き上げられることを切に願うものです。

　本書のどのページからでも結構ですから、ちょっと読んでみてください。誤った言葉への気づきの力が自然と養われていくでしょう。気楽な講演の集いか、おしゃべりの場に偶然入り込んだような感じで読んでいただければ幸いです。

小谷征勝

目　　　　　次

まえがき ……………………………………………………………… 3

第1章　日本語の誤記・誤用 ………………………………… 15

1 読み間違いと聞き間違い ………………………………… 16

（1）円滑を「エンコツ」と読み、澄まし顔 ……………… 16

（2）その道の権威も「シンショウ、ミゾウユウ」………… 16

（3）軽薄短小と重厚長大 ……………………………………… 16

（4）言葉遊びに駄じゃれ（ダ洒落）に落語 ……………… 18

　　なぞ　考えもの　回文　つけ足し言葉　早口言葉　落語

∞　　∞　　∞　　　　付言遊譚　　∞　　∞　　∞　　∞ ………… 21

は行音（なぞかけで分かった「p→f→h」）

2 思い違いに勘違い ………………………………………… 22

　　〜　念のため確かめたのに勘違い　〜

（1）釣り鐘と鶴亀 ……………………………………………… 22

（2）沈香 ………………………………………………………… 23

（3）危機一発と危機一髪 …………………………………… 24

（4）一所懸命か一生懸命か ………………………………… 26

　　　〜　鎌倉時代の御家人が使った　〜

（5）出生と出征、どちらが「シュッセイ」？ …………… 27

　　出生←→出征

（6）原因と結果、どちらが先？ …………………………… 28

3 聞き分け、使い分け ……………………… 29

～ 聞こえない音を聞き分け使い分け ～

（1）同音異義・同音類義 ……………………… 29

健診・検診・検針　保険・保健　補償・保障・保証

（2）類音異義・類音類義 ……………………… 30

審理・審議　議員・委員　開催・開会・再開

改正・改定・改締・改訂　介助・介護・看護

（3）魚介類・魚貝類 ………………………… 34

（4）明瞭な録音 …………………………… 35

∞　　∞　　∞　　付言遊譚　∞　　∞　　∞　　∞ …………… 35

無用　遊水池←→遊水地　あご・あし

4 文字の使い分け …………………………… 38

～ 漢字仮名書き分け読み分け区別する ～

（1）漢字と仮名の使い分け ………………… 38

たち・達　みる・見る　いく・行く　くる・来る

ほしい・欲しい

（2）形式名詞 …………………………………… 40

∞　　∞　　∞　　付言遊譚　∞　　∞　　∞　　∞ …………… 40

戦災・震災、復興・復旧　才・歳　ケ・カ・か・箇

5 話し言葉と書き言葉 ………………………… 43

～ 話し手の話そうとしたことを書く ～

（1）発言記録と一般文書 …………………… 43

（2）覚え間違い読み間違い ………………… 43

（3）漢字の順番で違う意味が ……………… 45

∞　　∞　　∞　　付言遊譚　∞　　∞　　∞　　∞ …………… 45

読みはいろいろ　カマドウマ

（4）うっかり系 ……………………………………………………………… 46

　　誤る・過つ

（5）接頭辞的なもの ………………………………………………………… 47

（6）「少・小・多・大」 …………………………………………………… 48

（7）熟語の後につく漢字 …………………………………………………… 49

∞　　　∞　　　∞　　付言遊譚　　∞　　∞　　∞　　∞ ………… 50

　　マゴにも衣装　たしか　あの報告書　ジャッカン

（8）区切り ……………………………………………………………………… 51

∞　　　∞　　　∞　　付言遊譚　　∞　　∞　　∞　　∞ ………… 53

　　　明日・明後日・明々後日の次は？

（9）月・週・日 ……………………………………………………………… 53

　　そもそも曜日とは　第何曜日計算のおさらい（*´з｀）

（10）用字の統一 ……………………………………………………………… 57

　　～　十分に趣旨を生かして基準成り　～

∞　　∞　　　∞　　付言遊譚　　∞　　∞　　∞　　∞ ………… 59

　　採算性←→独立採算制（制度）「十」の読み方　御用達

（11）聞き違い・読み違い ………………………………………………… 61

　　～　聞こえない音を聞き分け使い分け　～

　　「気づき」ができるか？

（12）当て字などの読み間違い …………………………………………… 61

　　土産　浴衣　タンキョウキ

∞　　∞　　　∞　　付言遊譚　　∞　　∞　　∞　　∞ ………… 64

　　とんぼつりきょうはどこまで行ったやら　「シ」と「ヒ」

（13）言葉の覚え初め ………………………………………………………… 65

デントウノホコリ　新宗教名　コーヒー

タマの装いうらやまじ

（14）ヒヤリハット …………………………………………………………… 69

∞　　∞　　∞　　付言遊譚　∞　　∞　　∞　　∞ ………… 70

チクバノトモ　縦と横　喧伝・宣伝

6 発言の修正・訂正 ………………………………………………… 72

（1）「日本」はいつ始まったか？ ………………………………… 72

第2章　日本語の高度処理 ……………………………………… 75

1 会議録の高度処理 ……………………………………………… 76

2 校正と校閲 …………………………………………………………… 77

～　校正は後出しじゃんけん先が負け　～

（1）誰でもできると勘違い ……………………………………… 77

（2）校正・校閲で正確になる限界 …………………………… 78

　　大震災

（3）絶えず出てくる新語・略語・専門語 ……………… 79

∞　　∞　　∞　　付言遊譚　∞　　∞　　∞　　∞ ………… 81

スイキョ←→スイキョウ　言葉知らずの失礼　ジョウキセン

（4）間違いに気づく ………………………………………………… 82

3 各種記号の書き方 ……………………………………………… 83

～　点1つ打てば内容大違い　～

（1）句読点と句切り符号 ………………………………………… 83

（2）句読点の基本 …………………………………………………… 83

　　災害　ふたえにまげてくびに　茶色は靴か中敷きか

（3）繰り返し符号は漢字1つだけ「々」……………………… 87

∞　　∞　　∞　　　付言遊譚　　∞　　∞　　∞　　∞ ………… 87
　　　　　　　繁←→煩　市長←→首長

4 数字の書き方 ……………………………………………………… 88
　　～　数字の間違い、命取り　～
（1）漢数字と算用数字（アラビア数字）……………………………… 88
（2）縦書きと横書き ………………………………………………… 88
（3）年・年度、パーセント、概数等は、こう書く ………………… 89

5 外来語は難しい ………………………………………………… 89
（1）日本語を読み書き話すときの外来語 …………………………… 89
　　シミュレーション　パラボラアンテナ　ファストフード
　　ラッシュアワー

6 辞典・事典などを使おう！ ………………………………… 92
　　～　文書とは日々の思いの書き示し　～
（1）発言者の思い …………………………………………………… 92
（2）用字用例辞典の利用 …………………………………………… 92
（3）各種辞典・事典・字典の個性を見きわめよう ……………… 93
（4）すばらしい日本語の造語力 …………………………………… 93
∞　　∞　　∞　　　付言遊譚　　∞　　∞　　∞　　∞ 94
　　　　十人十色←→十人並み　ミニマル　アシ・ヨシ　オワコン
（5）言い間違い ……………………………………………………… 96
（6）オイエ（ヲイヘ）騒動 ………………………………………… 96
　　等（トウ）←→とを　「イ」がいるのか、いないのか
　　「へ（エ）」が抜ける
（7）世界語になった日本語 ………………………………………… 98
∞　　∞　　∞　　　付言遊譚　　∞　　∞　　∞　　∞ 99

露地・路地　「悪（アク・オ）」　彼岸（ひがん）と此岸（しがん）

7　間違いから認知へ ……………………………………………… 100

　〜　間違いに始まり後で認知する　〜

（1）全然……肯定・否定 ……………………………………… 100

（2）「ら抜き言葉」って？ …………………………………… 100

（3）〜みたく　〜なく→〜んく ………………………… 102

　　　〜みたく　〜なく（naku）→〜んく（nku）

（4）国語に関する世論調査 ………………………………… 102

8　漢字の使い分けに気づく ……………………………… 103

∞　　∞　　∞　　付言遊譚　　∞　　∞　　∞　　∞ ………… 103

　ワークシェアリング、ルームシェア　○誌・○紙　週刊←→週間

第3章　機械化・電子化・外部委託 ………………… 105

1　絶えず技術革新？ ………………………………………… 106

（1）活字信仰 ……………………………………………………… 106

（2）機械の過信 ………………………………………………… 107

（3）音声認識はどこまで進むか？ ……………………… 108

（4）インターネット検索の信頼性 ……………………… 109

　〜　検索は玉石混淆みそくそ一緒　〜

∞　　∞　　∞　　付言遊譚　　∞　　∞　　∞　　∞ ………… 110

　　意味の重なり　類をもって　いいかげん　ヒコウグモ

2　発言記録の外部委託 …………………………………… 111

　〜　委託して安物買いの銭失い　〜

（1）仕事の実態 ………………………………………………… 111

（2）議事記録作成業者の実態 …………………………… 113

　　　　～　品質は入札数字で表せず　～

（3）外部委託の長所短所 ……………………………………………… 114

　　　　～　納期と優劣、巧遅拙速か？　～

（4）外部委託と内部仕上げのバランス ………………………………… 115

　　　　～　職員コストも計算すれば　～

　　　校正以前の問題　録音照合　一次校正　二次校正

　　　三次、四次校正　専門性　労働時間　人件費　1円入札

　　　入札介入　トータル費用　委託側経費

∞　　　∞　　　∞　　　付言遊譚　　∞　　　∞　　　∞　　　∞ ………… 122

　　　気づく力で歌詞見れば……　読書百編　→　読書百遍

　　　エキチカ・エキナカ　ノンステップバス、ワンステップバス

　　　用字例の扱い

第4章　誤記・誤用・誤聴例 ……………………………………… 125

1 誤りの原因 ……………………………………………………………… 126

（1）子音の間違い ………………………………………………………… 126

　　　子音の類似　子音の増減

（2）母音の間違い ………………………………………………………… 127

　　　母音の類似　母音の増減

（3）その他いろいろ知識の不足 ……………………………………… 128

（4）校正・校閲の重要性 ……………………………………………… 129

　　　「速記」が死語に？

　　　テレビの字幕で「担当の人が「変わる」ので……」

　　　招来と将来

　　　漢語の前は「御」、和語や仮名書きの前は「お」

熟語の読み　貸し借り　都市ショウカセン

　　　とんぼ返り（×とんぼ帰り）　チョウ（蝶）

　　　蝶番（チョウツガイ）　大先生も間違う

　　　読み間違いを聞き直す　○○メシ　のりしろ　片意地・肩ひじ

　　　同音漢字の使い分け　反と半、全と前

（5）日本語の間口と奥行き ……………………………………………… 152

∞　　　∞　　　∞　　　付言遊譚　　∞　　　∞　　　∞　　　∞ ………… 153

　　　　　　　　狂歌　標語をねじる　字幕で

第5章　ワープロソフトで効率化 …………………………………… 155

　　～　辞書登録による高速入力　～

1 ワープロソフトの効果的な使い方 ……………………………… 156

　　高速入力（早打ち）の極意

2 略語登録例 ………………………………………………………… 157

（1）人名は最初の3音か、姓2音・名1音 ………………………… 157

（2）主な1音 ………………………………………………………… 158

（3）適当な2音 ……………………………………………………… 158

（4）漢字熟語は各漢字初音 ………………………………………… 159

（5）熟語の連続は各熟語初音 ……………………………………… 160

（6）複合熟語の連続なら適当に組み合わせる ………………… 160

（7）その他、混同しないように適当に抜き出す ……………… 160

（8）行政当局 ………………………………………………………… 161

（9）都市名 …………………………………………………………… 161

（10）長い外来語は最初の3音か主な3音 ………………………… 162

（11）否定は確実に ………………………………………………… 162

3 星に願いを ……………………………………………………………………… 163

第6章　みんなの倍速記 ……………………………………………………… 165

1 倍速記ってな〜に？ ………………………………………………………… 166

2 日本語力をつける速記 ……………………………………………………… 167

3 長さで区別する ……………………………………………………………… 169

4 曲直の形で区別する ………………………………………………………… 169

5 各列（母音－aiueo）は5方向で表す …………………………………… 170

6 各行（子音－kstnなど）は長さ3×曲直3の9種で …… 170

7 五十音など …………………………………………………………………… 171

8 漢字音 ………………………………………………………………………… 181

9 速記文例 ……………………………………………………………………… 192

あとがき ………………………………………………………………………… 197

第 1 章

日本語の誤記・誤用

1 読み間違いと聞き間違い

（1）円滑を「エンコツ」と読み、澄まし顔

　例えば「円滑」という言葉があります。これはよく「エンコツ」と言う人がいますが、正しい読みは「エンカツ」ですね。「骨」を「コツ」と読みますから、それに引っ張られる人はたくさんいます。しかし、実際には「滑」を「コツ」と読むものは「滑稽（コッケイ）」ぐらいなもので、「滑走（カッソウ）、滑車（カッシャ）、滑落（カツラク）」などのように「カツ」が多く、すべて「滑（ナメ）らか」という意味が入っています。

（2）その道の権威も「シンショウ、ミゾウユウ」

　「進捗（シンチョク）」という言葉も「交渉（コウショウ）、渉外（ショウガイ）」の「渉」から「シンショウ」と読み間違う人が多いものです。

　「未曽有（ミゾウ）」も、大震災等「未だ曽て有らざる（イマダカツテアラザル）」大事件が出てきてからよく使われ出しました。にもかかわらず、何と国会で「ミゾウユウ」と発音した某総理が出て以来、変に目立ってまいりました。今後は間違わずに使ってほしいものです。

（3）軽薄短小と重厚長大

　いわゆる本来の四字熟語ではありませんが、日本の製造哲学を織り込み、本来と別の意味にも使われ出した言葉です。もともと「軽薄」は、物事について軽く薄いさまを表し、内容などの薄っぺらで中身のないさまを表す言葉でした。それに引き比

べ「重厚」は、重々しくどっしりしているという様子を表していました。

　ところが、日本の産業の製造哲学と言ったらいいんでしょうか。これらをそれぞれ細密技術産業と鉄鋼生産等重工業になぞらえて、これまで発展してきた日本産業を表現する言葉の一つとして使われるようになりました。「軽薄」には「短小」を足して「軽薄短小」に、「重厚」には「長大」を足して「重厚長大」として、それぞれ四字熟語として使うようになったわけです。

　細密技術産業では「より軽く・より薄く・より短く・より小さく」を尊重し、製品の軽量化・薄型化・小型化により製造・配送・陳列等のコストダウンを図るようになりました。

　そして、これらは国土が極端に狭く、資源の質量ともに乏しい日本が20世紀後半に苦肉の策として生み出したわけですが、21世紀に入ってからは、さらに強く叫ばれるようになった環境問題や省エネ志向などとも深く呼応して、国際的競争力をつける源となりました。

　そして、現在では、最初に使われ出した意味から離れて、物によっては軽薄短小のほうが重厚長大より価値あるものとして使われるケースも出てきました。

　これまでの代表的な例としては、燃費のよい軽自動車、液晶薄型テレビなどの家電、ノートパソコン、携帯電話、スマホ、さらには任天堂やＳＯＮＹなどのゲーム機、ＩＣ録音機などのモバイル電化製品が挙げられます。

（4）言葉遊びに駄じゃれ（ダ洒落）に落語

　また、言葉を消化し、面白さに昇華する言葉の遊びにもいろいろな分野があります。

なぞ

　「なぞ（謎）」という言葉は、「何ぞ？」という問いかけから出てきたものだそうです。「なぞなぞ」は「何ぞ何ぞ？」ということになります。

　なぞは、問いかけと答との２つで「二段なぞ」とも言います。それに対して、「何々とかけて、何ととく、こころは？」という形を「三段なぞ」というようになりました。

考えもの

　「考えもの」というのは、判じ物とも言われます。

　例えば「秋の草は？」となると、答は「萩」です。「ハギ」は漢字で書くと「草かんむりに秋」だからです。

　ちょっと難しいかもしれませんが、五・七・五の川柳形式のものも多くあります。

　「牛鍋は頬の飛ぶほど耐えられん」──答は十二支の中の３つ──午（ウマ）、亥（イ→イノシシ）、子（ネ→ネズミ）を合わせて「うまいね」となります。

　「しゃれ（洒落）」にも、地口、しゃれ言葉、むだ口、語呂合わせ、無理問答等いろいろあります。

　「風呂屋の釜で言う（湯）ばかり」とか、いわゆるオヤジギャグ、駄じゃれなどもそのうちの一つです。割合と単純で分かりやすいものですが、しゃれを理解できない人の前では全くの空振り──「何か似た言葉使ってる」という程度になってし

まいます。

回文

「回文」は、最初から読んでも最後から読んでも同じ発音になるものです。「新聞紙」、「竹やぶ焼けた」、「トマト」などがそうです。「山本山」などは漢字単位ですから回文とは言いませんね。「今井」なら「イマイ（ｉｍａｉ）」ですから、仮名単位では回文です。「意味」は「イミ（ｉｍｉ）」、「囲炉裏」は「イロリ（ｉｒｏｒｉ）」ですから、アルファベット単位の回文と言えないこともありませんね。

また、長いものでは、

「岸の谷、さまよい恋し、香る春、おかしい恋よ、まさに楽しき」なんてのがあります。ちゃんと回文の短歌になっていますね。仮名書きにすると分かりやすいですよ。

つけ足し言葉

「つけ足し言葉」は、最初の語句を強調するためにつけ足すものです。例えば「驚き桃の木山椒（サンショ）の木」、「あたりき車力よ車引き」、「その手は桑名の焼き蛤（ハマグリ）」、「何か用か九日十日」などがそうです。

わざわざ説明するまでもないことでしょうが、最初の２つはそれぞれ「〇〇キ」、「〇〇リキ」と語尾の音を合わせています。

３つ目は「その手は食わない」の最後の言葉に、土地の名産品「桑名の焼き蛤」を「クワナ」の音で重ねていますね。

４つ目は「何か用か」を「七日（ナヌカ・ナノカ）八日（ヨウカ）」として「九日（ココノカ）十日（トオカ）」をくっつけ、数字を並べることで面白みを持たせたものです。

早口言葉

　「早口言葉」は御存じですね。「生麦生米生卵（ナマムギナ
マゴメナマタマゴ）」、「隣の客はよく柿食う客だ」、「カエル
ぴょこぴょこ三（ミ）ぴょこぴょこ合わせてぴょこぴょこ六
（ム）ぴょこぴょこ」……。

落語

　こういう口ずさみを楽しみに置き換えたものは日本語にたく
さんあります。中でも落語というものは、今から200年ほど前、
江戸時代の天保年間に始まったと言われます。日本語の言葉遊
び等をうまく取り入れ、ストーリーを組み立て、落とし話とし
て完成された、日本の誇るべき独特の芸能と言えるでしょう。
古典であれ新作であれ時代を超えて、庶民から貴族——大衆か
らセレブに至るまで人々の生活ぶりや制度・習慣等が取り込ま
れており、世間の常識やあらゆる雑学的知識も身につきます。

　例えば鎌倉幕府を開いた源頼朝は頭が大きかったそうで、江
戸川柳のネタにもなっていますが、落語にも取り入れられてい
ます。見せ物で頼朝の髑髏（シャレコウベ）を見せるという話
があり、

　「さあ御覧あれ、これが頼朝公の髑髏だ」

　「大きな頭と聞いてるが、小さいじゃないか」

　「頼朝公の御幼少のみぎりのもの」

　「……」

そういえば、私にもこんな思い出があります。どこかの見せ
物だったか骨董品店の店頭だったか、はたまた漢方薬店の
ショーウインドウだったかもしれません。頭が2つついた子牛

の剥製（ハクセイ）が置いてあり、その説明書きには「右の頭が雌で、左の頭が雄」とありました。御幼少の頃はそれでその不思議さをそれなりに納得していたようであります。

∞　∞　∞　付言遊譚　∞　∞　∞　∞
は行音（なぞかけで分かった「ｐ→ｆ→ｈ」）

　ところで、言語学者の新村出博士は、広辞苑の編纂者としても有名ですが、は行音の発音についてこういう説を発表しました。

　原始時代の日本語では「パピプペポ（ｐ）」と発音していたが、奈良朝以前から「ファフィフフェフォ（ｆ）」に変わり、室町期を経て、江戸時代になって現在の「ハヒフヘホ（ｈ）」が全国的に広まったということです。もっとも、「フ」は「ｆｕ」と書かれる場合も多くあります。

　さて、これらのことはなぜ分かったのでしょう。その論拠として室町時代の「なぞ」を挙げています。

　「母には二度逢いたれども、父には一度も逢わず」

　これは、発音の仕方をなぞに取り入れたものです。当時の「母」の「ハ」は「ｆａ」と発音されていたので、上下の唇が二度合わさります。一方「父」の「チ」のほうは唇が離れたままです。ということで、答は「唇」です。ちゃんとつじつまは合いますね。

2 思い違いに勘違い
～ 念のため確かめたのに勘違い ～
（1）釣り鐘と鶴亀

　かなり前のことですが、ある新聞社でこんな出来事があったそうです。

　その日の記事原稿に、「ある皇族の方が東大寺で大亀を御覧になった」という文章があり、校正担当者が、亀を見たことがそんなに珍しいのかなと思って、念のため原稿を出した人に電話で確認したそうです。

　　　～　～　～　～　～

　「オオカメというのは、大きなカメ？」　　　　　大きな亀

　「そうです。大きなカネです」　　　　　　　　大きな鐘

　「ツルカメのカメですよね？」　　　　　　　　鶴亀の亀

　「そう、ツリガネのカネです」　　　　　　　　釣り鐘の鐘

　「ドウブツのカメでいいんですね？」　　　　　動物の亀

　「そうそう、ダイブツのカネです」　　　　　　大仏の鐘

　　　～　～　～　～　～

　相当昔のことで、電話の音質も悪かったこともあったでしょうが、よく似た音の言葉を聞き間違えてしまったようです。カメとカネは、「メ」と「ネ」の違いです。ローマ字で書けば「me」と「ne」で、母音の「e」は一緒ですが、同じ鼻音の「m」と「n」という比較的よく似た子音の違いだけです。お互いに正しく聞いていると思っているわけです。

　ここでは、さらに念を押して、「鶴亀（ツルカメ）」と「動物（ドウブツ）」と、重ねて確認したつもりだったそうです。しか

し、それぞれが似た発音の「釣り鐘（ツリガネ）」と「大仏（ダイブツ）」という言葉だと思い込んだまま聞き取り、お互いに擦れ違ってしまったようです。

　そして、電話の会話では双方納得した上で、「東大寺で大鐘を御覧になった」という話が「東大寺で大亀を御覧になった」という記事になってしまったというわけです。

（2）沈香
　　聞き違いから勘違い
　誤聴で有名なものとして、ある政治評論家がテレビ番組の中で、小さな金銭のごまかしで政治家の資質を否定するマスコミの風潮に対して、金銭に清潔でありさえすればそれでいいのかと、人畜無害というか何の役にも立たないような政治家を批判した発言がありました。

　その中で「沈香も焚（タ）かず屁もひらずな政治家はポンスケである。清濁併せ（アワセ）呑む政治家でなければならない」という発言がありました。

　ところが、この評論家氏が「沈香も焚かず」というところを「チンコウモ　タカズ」と発音したんです。それを隣にいた女性司会者は、評論家氏が「チンコモ　タタズ」と発言したかのように聞いて笑い転げてしまったということです。その司会者がこのことわざを知らなかったということはないでしょうが、そう聞こえてしまえば笑うほかありませんね。

　「沈香」は「ジンコウ」が正しい読みです。この場合は、読み方さえ間違わなければ、防げた事例でしょうが、記録作成者

23

としては、正しく書き表したいものですからね。

　ちなみに、「沈香も焚かず屁もひらず」は、「役にも立たないが、害にもならない。目立った長所もなければ短所もない。よいこともしないが、悪いこともしない。可もなく不可もなく平々凡々」という程度の意味です。なお、「沈香」そのものは、熱帯の香木でつくったお香で、その高級なものは「伽羅（キャラ）」とも言われます。匂いと臭いの違いも大したことではなかったということですね。

　また、「ポンスケ」は、「大阪ことば事典」によると、「阿呆。おろか者。ポンツク。阿呆を呆助と人名に擬し、さらにホォスケ→ポンスケと転訛したもの」ということだそうです。こんな言葉はどうしても覚えておかねばならないというものでもありませんが、知っていれば内容を正確に推しはかる材料になります。

（3）危機一発と危機一髪
　四字熟語で「危機一髪」というものがあります。これも一時期「危機一発」と書く人が多くなったことがありました。実は当時「００７危機一発」という映画が大ヒットしました。ショーン・コネリー扮（フン）するジェームズ・ボンドの活躍する英国スパイアクションものですね。そして、新聞や雑誌にも「危機一発」という言葉がたくさん出ました。そのため多くの人は、「一髪」の読みと映画に出てくる武器弾薬の発射や爆発の「発」を絡めて「危機一発」としたものであることに気づかずに、「イッパツ」は「一発」と思い込んでいたからでしょう。

24

「一髪」と同じような例に「間髪を入れず」というのがあります。この意味は、間に髪の毛のような細いものでも入らないくらい、すき間なくというものですね。「間髪」という熟語でなしに、「間、髪を入れず」ということですから、「カンパツ」ではなく「カン、ハツ」と読みます。

　そうそう「００７」の読み方も「ゼロゼロセブン」と言ったり「ダブルオーセブン」と言ったりすることがあります。これは数字の「０（ゼロ）」とアルファベットの「Ｏ（オー）」の類似によるものだそうです。「０」と「Ｏ」の形の区別がはっきりとしないため、「０」でも「Ｏ」でも「オー」と発音する人が出てきました。それで、「００７」も「ダブルオーセブン」という言い方をしたということでしょう。

　一般的に多くの印刷書体では、大文字の「Ｏ（オー）」を細い楕円形の「０（ゼロ）」よりも少し丸いものにしています。古いタイプライターでは、機構を簡易化してコストダウンするため、特定のキーが省かれているものもあったようです。例えば数字の「１」をアルファベット小文字の「ｌ（エル）」、数字の「０（ゼロ）」をアルファベット大文字の「Ｏ（オー）」で代用したりしました。その後、区別するためには、数字のほうはあえて中央に点や短い縦棒を入れたりしました。現在では中に斜線を入れて「Ｏ」と区別する場合もあります。なお、横線を入れるとギリシャ文字「θ（シータ）」になります。

　また、バックスペースを使い、同じ位置に２文字印字して、キーが存在しない文字を表すタイプもありました。例えば「'（アポストロフィー）」と「.（ピリオド）」を重ね打ちすると、

25

「！（感嘆符）」になります。

　さて、おまけにもう一つ、慣用句としての「キキ迫る」の「キキ」はどうでしょう。そう、「危機迫る」でなく「鬼気迫る」です。「鬼気迫る名演技」なんて言いますね。「迫真の名演技」とも言い換えられます。ただし、具体的に危険な状態を示す場合は、「危機が迫る」や「危機を脱する」という言い方もあります。この場合、助詞を入れることによって明確な表現にすることができます。

（４）一所懸命か一生懸命か
　～　鎌倉時代の御家人が使った　～
　本来の形としては、まず「一所懸命」という言葉がありました。これは、中世鎌倉時代の武士が先祖伝来の所領を命がけ（懸）で守ったことに由来し、本当に切羽詰まった状態にも使われるようになりました。

　ところが、近世以降、「一所懸命」は「命がけで何かをする」といった意味のほうだけが残ったため、「一所（イッショ）」が「一生（イッショウ）」と間違われて「一生懸命」となり、発音も「イッショケンメイ」から「イッショウケンメイ」に変わったそうです。

　「一生懸命」と書くのは誤用とされることもありますが、上記のとおり「イッショウ」と発音されるのは「一所」が「一生」と間違われた後のことで、「イッショウケンメイ」の漢字は「一生懸命」で正しいというわけです。

　もともと「一所懸命」は、先祖から受け継いだ土地を守る意

26

味を含んだものであり、現在使われている意味とはニュアンス
が異なっていました。しかし、現在では「一生懸命」と「一所
懸命」のどちらを使っても間違いとは言えなくなってきたよう
です。

（5）出生と出征、どちらが「シュッセイ」？
出生←→出征
　1940年代までは間違われなかった言葉です。日本でも今から
およそ80年前、第二次世界大戦が終わるまでは兵役の義務があ
り、赤い紙に印刷されたため赤紙と言われる召集令状が来ると、
兵隊として出征することになりました。このときに「出征
（シュッセイ）」という言葉が使われていたので、「出生（シュッ
ショウ）」を「シュッセイ」と読むことはなかったのですが、
「出征」が使われなくなった現代では、「出生」を普通に思いつ
く読み方として「シュッセイ」と発音する人が多くなったよう
です。そして、今ではその読みが認定されつつあるようです。
　ところで、「征」という字に加えて「勝」という字、この２
つの漢字は、第二次世界大戦の中期から末期、子供の名前につ
けられた文字ベストテンの最上位だったそうです。ですから、
この２字のどちらかが入った名前は、大体昭和18年前後から
昭和20年８月の終戦間際までに生まれた人だろうと推測され
るわけです。ちなみに、終戦後の昭和20年８月以降は「和」
という言葉が多く使われています。もちろん「平和」の「和」
ですね。
　ところで、もうお気づきかもしれませんが、かくいう著者は

もろにこの2字でできた名前です。「あんたに似合わん、えらい勇ましい名前やな」と言われることがあります。第二次世界大戦——日本では、太平洋を舞台にした日本とアメリカの戦いだったということで太平洋戦争と言われることもありますね。その終戦の半年前、昭和20年3月生まれであることを如実（ニョジツ）に表していますな。

　なお、「出世」という言葉もありますが、この読みは「シュッセ」ですね。

（6）原因と結果、どちらが先？
　今からざっと半世紀以上さかのぼった昭和40年（1965年）頃、ある高校のクラブ活動でのお話です。その休憩時間、さきの第二次世界大戦のことがおしゃべりの中に出てきました。
　　　～　～　～　～　～
　「私のお父さん、戦争へ行ってたらしいんよ」
　「えっ、本当なの？」
　「だから、もし戦死してたら、私とこ母子家庭になってたんよ」
　「そうお。生きて帰られてよかったわね」
　　　～　～　～　～　～
　さて、この文章を読んで、何か感じましたか。私は、そのクラブの先輩として、活動をのぞきに来たというシチュエーションです。何となく聞いていたら、そんなことがあったのかと、思い出話として聞き過ごしていると思います。
　でも、ちょっと待ってください。昭和40年というと1965年、第二次世界大戦が終わったのは1945年ですから、終戦後20年

28

がたった頃です。高校生の年齢というと15歳から18歳までです。このケースを計算してみると、発言者が生まれたのは戦後数年たってからです。ということは、お父さんが生きて帰ってきて、その結果、その人が生まれたという経過をたどることになりますね。となると、戦死していたら母子家庭になるという話と矛盾していませんかね。

　ただのおしゃべりとして聞き流してしまうか。校閲者の耳で聞いて間違いを正すか。あるいはまた、ジョークとして楽しむことができるか。それは、その場面に出くわした皆さん自身の取り組み方次第です。これも重要な「言葉の気づき」の世界の出来事と言えます。

　もっとも、このときおしゃべりに参加していた当事者たちは、気づかずにそのまま別の話題に移っていましたがね。

3 聞き分け、使い分け
〜　聞こえない音を聞き分け使い分け　〜
　同じように聞こえる「同音・類音」をどう区別したらいいでしょうか。

（1）同音異義・同音類義

健診・検診・検針

　「健診」は〇歳児健診とか一般の健康診断の略ですが、「検診」は病気かどうかの診察ということになります。「検針」は水道・ガス・電気など計器の具体的な動きを見るときに使いますね。

保険・保健

「保険」は金銭的な損害を償うためにあります。社会保険の保険給付、保険設計、保険価額、医療保険

これに対して健康を保つためのものが「保健」です。保健所、老人保健、保健医療などがありますね。

補償・保障・保証

補い償うのが「補償」です。遺族補償、刑事補償、災害等の損害を補償するものです。

「保障」は損害を防ぎ保全し、制度的に守るほうです。権利・自由・財源等の保障や、安全や雇用を保障します。

「保証」は間違いないと受け合い、品質を保証します。保証人、保証金、信用保証などがありますね。

（2）類音異義・類音類義

書き言葉では同音異議・同音類義の使い分けができればいいわけですが、話し言葉ではそれだけでは済みません。聞き取りの段階で類音異義・類音類義にも考えを及ぼさなければならない煩雑さがあります。

審理・審議

国会・地方議会や審議会等では議論して結論を得るために議案を「審議」します。その他の一般の会議でも同様に「審議」という言葉を使います。

また、競馬の不正がなかったか審査することにも「審議」を使います。

これに対して「審理」のほうは、事実や条理を詳しく調べて、

はっきりさせるという意味があり、もっぱら裁判所では事実関係や法律関係を取り調べて明らかにするため「審理」を進めていきます。

　さらに、特許関係でも「審査」、「審理」を使います。

議員・委員

　地方自治体での議会活動は議員がします。選挙に立候補して投票の結果、議員が選ばれます。当選した議員は本会議で議員として活動します。議案などの決定事項は、多くの場合、本会議から委員会に付託され審議されます。その委員会では「議員」の中から選出された者が「委員」として活動します。

　ですから、通常は本会議では○○議員と呼び、委員会の中では○○委員と呼びます。もっとも、委員会を傍聴したり、議案や請願の説明をしたりする場合は、当該委員会の委員ではないので、委員外議員として○○議員と言ったりする場合もあります。

開催・開会・再開

　会議全体をマネジメントするのが「開催」ですね。会議そのものの始まりは「開会」です。途中で「休憩」が入り、「再開」され、最後は「閉会」となります。

　それらの会議の流れを十分につかみ、場面場面によって適切な言葉は何かを考えながら入れてないと、間違うことが多いものです。発話者の音声は、よく使う言葉はどんどん早口に発音され、聞き取りにくいことが多いもので、同じように聞こえることも多いものです。例えば「開会」も、「再開」や「大会」と聞こえたりするわけです。

また、専門用語として、議会によって会議日は毎回「開会」と「閉会」を使うところもありますし、初日は「開会」と「散会」、会期中は「開議」と「散会」、そして最終日には「開議」と「閉会」というぐあいに、会議日によって使い分けているところもあります。

　さらに、「延会（エンカイ）」というものもあります。「延会」は、国会や地方自治体本会議で使われる用語です。その日の内に決められた議事日程はその日の内に消化するのが通常ですが、何らかの事情で消化できない場合、議題を別の日に改めて上程することとし、その日の議会を延会とすることがあります。

　また、衆議院と地方自治体議会では午後６時、参議院では午後４時が本会議終了時刻とされています。その時刻が過ぎると延会となります。ただし、延会には議長による延会宣言が必要です。延会宣言がなければ、規定の時刻をもって議事日程は完全消化ということになり、本会議は散会となります。

　なお、言葉の扱いになれない初心者は「延会」も「宴会」に、「再開」を「再会」にしてしまったままで平気で提出する人もあります。それぞれの違いは分かりますね。これらのうっかりミスは絶対に避けねばなりません。他の部分の信憑性（シンピョウセイ）も薄れてしまいます。

　余談になりますが、日程によってはどうしてもその日のうちに会議を終えなければならないときがあります。予算の議決などもそういう場面に遭遇することがあります。しかし、議長の議事進行発言、必要な議員発言等々、物理的に時間が足りない

場合はどうしたらいいでしょうか。そんなときには議会の時計は針の進みが緩やかになったり、場合によっては止まったりするという言い伝えがあります。

さて、これを確かめるすべは１つだけあります。そう、議事録を調べてみます。何と、一定時間に発言できる分量をはるかに超えた議事録ができ上がっていることです。議会伝説、いや都市伝説の一つでもあります。

改正・改定・改締・改訂

「改正」は、規則や制度、仕組み等を改めるときに使います。国の法律や地方自治体の条例改正、ダイヤの改正などです。

「改定」は、数値や金額などを改める場合に使います。運賃、給与、計画、条約、定価、マニュアル等の改定などです。

「改訂」は、書物などの字句を改訂します。学習指導要領、教科書、辞書などは改訂です。よく辞書の改訂版といいますね。

「改締」は、結び直すことです。条約などを改締します。

介助・介護・看護

老人、病人や障害者などの弱者を必要に応じて手助けするのが「介助」です。

これに対して「介護」は、介抱看護の略で、主に日々の生活で人の助けを必要としている高齢者や障害を持っている方に対し「介助」を行うことが基本的な考えです。

さらに、「看護」は病気や怪我を治すことが第一優先となります。医師を補助してけが人・病人の看護をする人は看護師ということになります。

（3）魚介類・魚貝類

　「魚介類」という言葉がありますが、これも「魚貝類」と書かれることがあります。一般的に魚介類とは、魚、貝、エビ・カニ、タコ・イカ、ウニ・ナマコ等々水産動物の総称です。ただし、鯨など大型の哺乳類やウミガメなど四つ足の動物は含まれないそうです。また、まれに動物に限らずコンブ・ワカメなどの海藻を含める場合もありますが、その場合は水産物と同じ意味に使われています。

　「魚」とは文字どおり魚類のことですが、「介」とは中国古代の陰陽五行説に基づく動物分類の用語で、本来は亀・甲殻類・貝類などの甲羅や殻を持つ動物の総称だそうです。ちなみに、介者剣法というのは甲冑（カッチュウ……よろい）をまとった戦いを意味します。江戸時代以降は竹刀稽古の発達もあり、平服前提の素肌剣術が主流となりました。

　なお、イカ・タコ・ナマコなどは、本来は魚類でも介類でもありませんが、魚介類に含められます。また、亀は、本来は介類と言えなくもないですが、魚介類には含められていません。

　さらに、「魚貝類」、「魚蟹類」という言葉もあり、「魚介類」の単なる書き間違いのこともありますが、それぞれ文字どおり「魚類と貝類」「魚類とカニ類（あるいは甲殻類）」と解釈されることもあります。

　もっとも、最近のレストランでは食物としてのシーフード全般を指す場合も出てきたようです。ということで、先日私はエビの入ったシーフードパスタを食べましたが、メニューに書かれた説明には魚貝類パスタと書いてありました。たまたまエビ

は殻がむいてあったから「介」ではないと解するのかもしれません
ね。

（４）明瞭な録音
　はっきり大きな音で入っているからと、明瞭な録音ができた
と思っている人がいます。そして、よく聞こえる録音だから早
く仕上げてほしいと依頼があります。そんなものに限って録音
にむらがあります。いい録音箇所もあることはありますが、ご
くわずかです。他のほとんどのところが雑音を拾っていたり、
声が割れていたり、小さくて聞き取れなかったりします。
　一般的に音が入っていれば録音ができたと思い込んでしまう
人が多いんですが、それは錯覚というものです。普通の録音は
類音も同音に聞こえてきます。それを話の内容や言葉の知識の
ほうから迎えにいって、言い換えれば他人の発音を意味ある言
葉に翻訳するのがプロの記録者です。それには的確な文字表現
が必要です。
　正確な発言記録を作成するためには、同音異義、同音類義の
使い分けは序の口で、類音異義、類音類義までの使い分けなど
が必要不可欠になります。それには繰り返される聞き取り体験
に裏づけられた豊富な知識・経験が不可欠と言えます。

　　∞　　∞　　∞　　付言遊譚　　∞　　∞　　∞　　∞
無用
　役に立たないことや、用事のないことや、必要ないこと、要
らないことやそのさまをいいます。「心配無用」、「問答無用」、

「他言は無用に願います」、「無用な心配をかける」等々。

　また、他の語について，してはいけない意を表します。「天地無用」、「落書き無用」等。

　その中で「天地無用」の意味が誤解されやすいそうです。荷物の箱によく表示されている「天地無用」の言葉の意味は、「壊れやすいものが入っているから、逆さまにしてはいけない」ということです。これを「心配無用」とか「問答無用」のように「必要ない」という意味に解釈して、ひっくり返してしまうと大変です。この場合の「無用」は「小便無用」と同じように「禁止する」という意味を表します。ゆうパックでは「逆さま厳禁」のシールを貼るそうですが、これはどうも「必要ない」という意味に受け取られるのを避けるために使っているようですね。もともとが運送（宅配）業者の取り扱い上、生まれた言葉のようですから、仲間内で意味が通じればよかったようです。あれこれ細かく書いていては面倒がられるし、かえってミスも出かねませんね。

　「小便無用」の場合は立ち小便をやめさせる目的で、溝などの向こうの塀に鳥居の絵を描いたり、小さな鳥居を取りつけたりする例が日本各地で見られます。これは神聖な鳥居に立ち小便をかけると罰が当たるぞという人間心理を利用したものとされます。

遊水池←→遊水地

　遊水池（ユウスイチ）とは、洪水時の河川の流水を一時的に氾濫させる土地のことです。遊水地と表記する場合もありますが、治水機能を表す場合は「池」を、土地そのものの場所や土

地利用を表す場合は「地」を用いる傾向にあります。

　また、「洪水調整池」というのもあります。丘陵地に住宅団地を開発するときなどにその地域から下流への水の流量を調整する場合につくり、「洪水調節池」とも言います。

　いずれにしても、ふだんから水が入っているなら「池」と呼ぶし、ふだんは水が入ってなくて、大雨が降ったときに水がたまるように設計したものは「地」と書くようです。

あご・あし

　「あごだし」という、アゴ（飛び魚）でつくっただし（出汁）というものがありますが、それには全く関係ありません。「あごを出す──ひどく疲れて足が思うように動かず、顎（あご）だけが前に出る」という言葉がありますね。実はそちらの方に関係があり、短期の人集めでよく仕事の内容や待遇について使われることがあります。

　「あごつき、あしつき、あごあしつき」などですが、あごとは顎を動かす食事のことで、あしとは足のことで、動く手段つまり送迎のことです。そういうところから発展して、すべて面倒を見てくれることを「あごあしつき」といいます。顎（食事代）と足（交通費）を全額先方が負担してくれることですね。講演会などを依頼したときにはお食事代、お車代の場合でも使われます。

　さらに、「まくらつき」というものもあります。まくら（枕）は泊まりを意味します。ですから、宿泊費も負担してくれる場合には「あごあしまくらつき（顎・足・枕つき）」といい、呼ばれる側としてはとてもうれしいことになります。

ただし、昔の労働条件が悪かった頃の話では相当の厳しいことでもありました。あごあしまくらつきで人を募って過酷な現場に連れていき、逃亡されないようにいわゆる「タコ部屋（タコつぼに入ったタコのようになかなか出られない）」に放り込まれてはたまりません。これらの言葉は明治時代の北海道開拓に動員された囚人労働を起源とするそうです。

4 文字の使い分け
〜 漢字仮名書き分け読み分け区別する 〜
（1）漢字と仮名の使い分け
　接尾辞的なもので漢字・仮名の書き分けをすべきものがあります。
たち・達
　私たち、彼たち、彼女たち、君たち、僕たち等は、複数を表す接尾辞の「たち」ですから、仮名書きです。
　友達（＝友人……単数も複数も）は漢字の「達」、友たち（複数）は平仮名で「たち」です。「友達（ともだち）」は二字熟語の名詞と解釈するわけですね。
　また、直前の言葉に補助的につながるものは仮名が望ましいと言われます。例えば「て」の後の補助的な動詞などもそうです。
みる・見る
　……てみる　←→　……て見る
ちょっと考えてみる
ちょっと店に入ってみる（ちょっとのぞいてみる）

展示品を店に入って見る（現物を見る）

いく・行く　くる・来る

　……て行く　←→　……ていく

旅行計画を立てて行く（計画を立てて、実際に旅行へ行く）

旅行計画を立てていく（まだ計画を立てる段階で、実際には行ってない）

　……て来る　←→　……てくる

準備をして来る（準備をして実際に来る）

準備をしてくる（どこかで準備を済ます）

という・と言う

　……と言う　←→　……という

　実際の発言や具体的に言葉で指し示す場合等は「言」を使う。「……」と言う、誰それが言うには、言い値、簡潔に言えば、逆に言うと、新聞でこう言っている、言うをまたない、言わずと知れた、と言わねばならない、言いふらす、かく言う、金が物を言う、

　それ以外の漠然としたもの、直前の言葉を受けて次につなぐような場合、具体的には旧仮名遣いの頃に「云う」や「謂う」を使っていたようなものは仮名にする場合が多いようです。

　以下「甲」という、いうところの、とはいえ、といって、どちらかというと、何というか、ある意味からいって、昼といわず夜といわず、という、そういう、こういう、

ほしい・欲しい

　……が欲しい

　……て欲しい　←→　……てほしい

私のいいところを見てほしいと思った（見てもらいたいという
気持ち）
デパートで品物を見て欲しいと思った（品物を見て、欲しい）
　また、「……出す」と「……切れない」は、「しだす」と「や
りきれない」を除いて、漢字のままで表記します。「出だし」
という言い方もあります。また、感情的な表現で「キレる」、
「逆ギレ」という言い方もあります。

（2）形式名詞
　その他として「とき、ところ、もの、こと、うち、わけ、ゆ
え、ため」等の形式名詞は平仮名書きにします。
　具体的な時間・時刻を示すものや地名や場所などの場合、ま
た抽象的なものでなしに事物を示すものは漢字です。「時、所、
物、事」等です。
　また、「役どころ」と「役所」など、仮名と漢字の書き分け
で正確さや微妙なニュアンスを伝えることができます。表記の
工夫のしどころと言えるでしょう。

　　∞　　∞　　∞　　付言遊譚　　∞　　∞　　∞　　∞
戦災・震災、復興・復旧
　平成になってからは、未曽有（ミゾウ）の規模の自然災害が
起こり、昭和前半の時代によく使われてきた「戦災」と、平成
以降頻繁に起こる「震災」が紛らわしくなりました。ローマ字
で書くと「sensai・sinsai」ですから、国語学でいうところの
母音三角形の隣の音──類似母音の「ｅ・ｉ」の違いだけです。

「戦災復興・震災復興」はともかく、「戦災後・震災後」を「戦後・震後」まで短くすると、余計分かりにくくなります。

そういえば、同じ意味のように思っている人もいますが、「復興・復旧」の使い分けもあります。その地域が再び盛んになることが「復興」で、いろいろなものをもとどおりの旧態（壊れる前の旧の状態）にすることが「復旧」です。「普及」と「復旧」も発音が似ているせいか混同する人がいますね。「普及」は広く行き渡らせることです。

才・歳

また、「才女」は才能のある女性ということですが、「妻女」は夫に対する妻、時代劇で「御妻女（ゴサイジョ）」などと使われています。現代では、どちらかというと若い女性に対してよく使われるのが「才媛」でしょうか。

さらに「三才女」というのは、明治時代の文部省唱歌に歌われた平安中期の代表的な女流歌人である紀貫之女（キノツラユキノムスメ）、伊勢大輔（イセノタユウ）、小式部内侍（コシキブノナイシ）と言われます。また、平安王朝の「三才女」として『源氏物語』の紫式部、『枕草子』の清少納言、『和泉式部日記』の和泉式部を挙げる場合もあります。

このように、「三才女」は３人の才女のことであって、年齢が３つの女の子ではありません。それに、年齢を表すには、正しくは「歳」の字を使います。「10才」と書くのは本来誤用ですが、まだ「歳」という漢字を習ってない小学生のために便宜上、同じ発音で小学校低学年でも習う「才」の字を当てます。

ちなみに、「歳」と「才」はまったく違う意味の字で、「歳」

という字はまさに「年」という意味の字です。「歳月（さいげつ）」とか「歳時記（さいじき）」「お歳暮（おせいぼ）」などにも使いますね。

　それに比べ「才」のほうは「能力」とか「技」という意味があります。「天才」や「秀才」や「才能」とかにも使います。

　しかし、日常的に「何歳」と記録するときなど、「歳」という字が画数が多いため、「才」の字で代用するのを少しづつ許容するようになってきました。書類手続などで年齢を書くことが多いため、やむを得ないという判断がなされてきたようです。これは例えば「門」という字の代わりに「门」の上の横線部分に点をつけ足して書いたりするのと基本的には同じように思えますが、同じ音の全く関係ない字を代用しているという点で抵抗がある人もいるようです。

ケ・カ・か・箇

　また、商品の価格を「１ケ100円」というように簡略化した書き方もあります。これも本来の「箇」の字の竹冠（たけかんむり）の一部代用で、片仮名の「ケ」からとったわけではないようです。

　さらに、「箇所、箇条」の場合はどうでしょうか。数字に続く「箇」は平仮名で「か」と発音どおりに表します。「２か月、３か所、５か条」というように書きます。しかし、「箇所数、箇条書き」とかについては漢字を使います。

5 話し言葉と書き言葉

～ 話し手の話そうとしたことを書く ～

（1）発言記録と一般文書

　近年になって、一般文書の作成とともに発言記録作成の大切さが見直され出しました。東日本大震災時の対応などについて緊急会議が数多く行われましたが、関係機関の記録が不備であったことが大きな問題になったこともあり、発言記録の重要性が再認識されるようになりました。

　そして、その正確性は言うまでもありませんが、その作成のノウハウやちょっとしたコツが意外と一般に知られていませんでした。日本語が分かれば誰でもできると考えがちですが、実はそうではありません。自分自身の頭で考え、推敲しながら仕上げていく文書の作成と、多くの人が多種多様な意見を出し、全体をまとめていく会議の記録の作成とは、おのずと表現に相違が出てまいります。

　何しろ日本語には同音異義語はもちろん、同音・類音での同義語、類義語などが多く、聞き間違いや書き間違い、勘違いしやすい発音の言葉がたくさんあります。そのため、正確な記録をつくるにはそれらを正確に聞き分け、適切に書き分ける能力を必要とします。また、発言者の思いを生かすためには、むやみに言葉をつけ足したり、言い換えたりすることは避けねばなりません。

（2）覚え間違い読み間違い

　発言者の読み方が間違っている場合もあります。例えば「造

詣」は「ゾウシ」ではなく「ゾウケイ」です。「趣旨（シュシ）」から類推するのでしょうか。「鮨（スシ）」という字もありましたね。「寿司」は当て字です。

「遵守」は「ソンシュ」ではなく「ジュンシュ」です。どうしても「尊（ソン）」から連想してしまうんでしょうね。

「賃借」に「貸借」というのは、比較的似た場面で出ることと、字面（ジヅラ）がよく似ているので、よく読み間違う人がいます。活版印刷の時代は、活字を拾い間違うことも多かったものです。ということは、校正のときも見間違いやすいということですから、気をつけねばならない言葉です。

間違って覚えているというものも結構あります。子供のうちに気がつけばいいんですが、大人になっても残っているものも多いものです。

「逐語（×ツイゴ→〇チクゴ）、逐次（×ツイジ→〇チクジ）、遂行（×ツイコウ→〇スイコウ）、完遂（×カンツイ→〇カンスイ）、隧道（×ツイドウ→〇ズイドウまたはスイドウ）」などは、みんな「遂に（ツイニ）」に引かれてしまうのでしょうか、ついつい「ツイ」と間違って読んでしまいます。

「当該（×トウカク→〇トウガイ）、該当（×カクトウ→〇ガイトウ）」もそのたぐいです。「核（カク）」から類推するのでしょうか、堂々と「カク」と発音する人が多いものです。少し出る場所が違うのですが、同じ意味の言葉と考えている人もいます。

44

（3）漢字の順番で違う意味が

　また、同じ漢字の組み合わせで出る順番によってニュアンスが違うものもあります。「当該」は「そのことに関係する」、「該当」は「それに当てはまる」というような意味を表します。

　熟語では、文字の位置の入れ替わりで意味が違うものもあります。「土壌汚染・汚染土壌」などもちょっと意味が違ってきます。「土壌汚染」は「土壌が汚染するということ」で、「汚染土壌」は「汚染された土壌そのもの」を意味します。

　「検車・車検」に至っては、「検車」は単純に車の検査ということですが、「車検」とは「自動車検査登録制度（ジドウシャケンサトウロクセイド）」の略語で、法律上「日本でミニカー・小型特殊自動車を除く自動車や排気量250cc超の自動二輪車に対して保安基準に適合しているかを確認するため一定期間ごとに国土交通省が検査を行い、また自動車の所有権を公証するために登録する制度をいう。一般には車検（シャケン）と呼ばれる。」となっています。

　　∞　　∞　　∞　　付言遊譚　∞　　∞　　∞　　∞

読みはいろいろ

　人名・地名等の固有名詞はいろいろな読み方があります。子供の命名にも流行があるようで、特に女性の場合は「……子」が一般的でしたが、ここ何年かは家族にしか分からないようないろいろな読み方があります。

　地名でも「八ッ場ダム」は利根川支流の吾妻川中流部（群馬県）に建設された多目的ダムですが、「ッ」という仮名が入っ

ているので、常識的には「ヤツバ」と読んでしまいます。ところが、正しい読みは「ヤンバ」です。

カマドウマ

　子供の頃、大きく飛び跳ねるのにびっくり。名前を知って、地獄の釜（カマ）や閻魔様の獰猛（ドウモウ）な顔つきを思い起こさせました。キリギリスやコオロギなどに似ていますが、成虫でも羽はなく、専ら大きな後脚で跳躍します。背中の形や長い横顔などが馬を連想させ、台所のかまど（竈）の周辺などによく見られたので「カマドウマ（竈馬）」の名がついたようです。

（4）うっかり系

　使い分けしなければいけないのに、ついうっかりと使ってしまう場合もよくありますね。

　「最……」と「再……」なんて、その最たるもので、再々間違って文書に出てきます。「えっ、説明の文章に親父ギャグみたいな駄洒落はやめたほうがいい」って？　目障りかもしれませんが、これは使い方の実例を示していると解釈してください。

　「再考・再校・再興・最高・最後・最期・最善・最新・最深・最終・採算・再三……」

　「際限・再現、再見・細見、再建・再検、債権・債券……」

　「再会・再開・最下位・西海・際会・斎戒……」

　「催行・採光・採鉱・砕鉱……」

誤る・過つ

過ち（過失・過誤）と謝る（陳謝・慰謝）→誤る（誤解）

　「リョウリチュウ　アヤマッテ　フクニ　ヒガ　ツイタ」、これはＮＨＫのニュースでアナウンスされたんですが、流れた字幕では、「料理中、誤って服に火がついた」となっていました。これは過失ですから「過って」が正しいわけで、謝って済む問題ではないけれども、「過って」を「誤って」と過って誤ったことは訂正していただかなければなりませんね。

　2020年からは「コロナ禍」の「禍」がよく使われました。正式名称の「新型コロナウイルス感染症（COVID-19）」はほとんど使われず、もっぱら「コロナ禍」でしたね。

（5）接頭辞的なもの

　接頭辞の「御（ゴ）……」と「お……」なども漢字と仮名の使い分けをしたり、「ご」と「お」にしたり、これも標準用字例では現在、漢語については「御」、和語については「ご」を当てることになっています。この「御・ご」も時折改訂されていますから、地方都市や地方議会では、ある年度から全部「ご」あるいは全部「御」にしているところもあるようです。

　「不」と「無」も、「不（フ・ブ）」や「無（ム・ブ）」もあり、言葉によって使い分ける面と、同じ「ブ」でもどちらを書いたらいいか分からないというような場合もあります。「不器量（ブキリョウ）、無愛想（ブアイソウ）、無遠慮（ブエンリョ）」なんてね。

　「非・否・未」の使い分けもあります。「非を暴く、可か否

か、未だ（マダ）」、このあたり一度は国語辞典、漢和辞典など
を当たって、正確な意味をつかんで使いこなしてください。

　「全」と「前」もそうです。「全文」もあれば「前文」もあ
ります。「全部・前部」、「全面・前面」、「全期・前期」など、
同じ場面で出るだけに注意が必要です。

　「反」と「半」もあります。「反面・半面」は出る場所が違
いますね。「半面教師」では悪い手本にもなりません。「反主
流」が「半主流」、「反骨精神」が「半骨精神」、「反逆」が「半
逆」、「反撃」が「半撃」では中途半端です。「反旗」は謀反の
旗印、高々とひるがえし、「半旗」は弔意を表すために少し下
げて掲げます。「半可通」も「反可通」にしてしまいそうです。
意味を知らない言葉は確かめてくださいね。自分で調べること
によって深く内容が分かり、記憶にもとどまりやすいものです。

（6）「少・小・多・大」
　これらは、その字を含む熟語、類語、同意語、反対語等を思
い浮かべると分かりやすくなることも多いものです。

　「最少と最多」、「最小と最大」、「縮小と拡大」、「減少増加」
なども、それぞれ「多少」、「大小」、「拡縮」「増減」という言
葉がありますね。なお、「最少」は「最長」とも対応しますが、
「最短・最長」のほうがはっきりしています。

　「少数」は数が少ないことで、「小数」は数学等で1より小
さい数字を示します。

　「大勢（オオゼイ）」は数量的に大きいことで、「大勢（タイ
セイ）」は大体の形勢ということです。「大勢（オオゼイ）・小

48

勢（コゼイ）」は勢力の大小と考えると分かりやすいでしょう。「多勢（タゼイ）・無勢（ブゼイ）」は、多勢に無勢と対比して使われるように勢いの違いを表します。

「タイセイ」は、「大勢」のほかに「態勢と体制と体勢」も使い分けに苦労します。まず、「体勢」は体の構えということでしっかり理解します。「体制」が統一的な組織や秩序を表し、一番よく使われます。さらに、「態勢」は一時的・臨時的な状態や構えで、「警戒態勢に入る」とか「積極的な態勢をとる」というように使います。

こういう書き分けは漢字熟語で置き換えると分かりやすいものですが、微妙なものもありますから、気をつけましょう。

（7）熟語の後につく漢字

……感　　物事に対して持つ特別な気持ち。用例→隔世の感、満足感、悲壮感、達成感、焦燥感、第六感

……観　　物事が持っている実際のありさま。用例→別人の観、先入観、人生観、主観、客観

……勘　　五感では得られない特別な心の働き。勘が鋭い

……形　　目に見える物のカタチ……こしらえるもとになるもの。成形……形をつくる

……型　　一つ一つの物のカタチを成型……型で一定のものをつくる

……性　　弾力性、一貫性、経済性……性質を表す

……制　　六三制、制服、制度

……判　　紙・書物の大きさ。A四判、一定の形

……版　　　印刷して書物をこしらえること。再版　第〇版…

∞　　∞　　∞　　付言遊譚　　∞　　∞　　∞　　∞

マゴにも衣装

　自分のお孫さんが七五三で晴れ着を身につけて、そのかわいい姿に大満足というふうに思う人が多いのでしょうか、「孫にも衣装」と書く人がいますが、もちろん「馬子にも衣装」です。

　馬子というのは江戸時代の馬方を指します。十返舎一九の滑稽本『東海道中膝栗毛』や安藤広重の浮世絵「東海道五十三次」にも出てきますが、旅の人を馬に乗せる仕事の人です。ふだんは着るというほどでもない格好で過ごしていますが、衣装をつけたら見違えるほど立派な姿に見えたということですね。

たしか

「たしか」——多分の意味の「たしか」は漢字では「慥か」で、常用漢字にないので、仮名書きにします。

「確か」——確実な意味の「確か」は漢字にします。「確かに」としてよく使われます。

あの報告書

あの報告書→具体的に指示する言葉なら指示代名詞

あの、報告書→　間投詞、癖の息継ぎ

ジャッカン

　「〇若干　×弱干」→少ないという意味が入るので、弱でもいいかなと思ったりします。

　「〇弱冠　×若冠」→二十歳の男とか、若者に対して使うので、つい「若」でいいと思ってしまいます。

50

「若干」といえば、魚介類の干物のうち軽く干したものを「若干（ワカボシ）」とか「生干（ナマボシ）」とかいいますが、この場合の表記は送り仮名として「し」をつけると分かりやすいでしょう（若干し、生干し）。

（8）区切り
「以上・以下、未満・超（超える）」
「……から……まで」　オーバー？　ビフォア？　アフター？
　「以上」はある基準より上のこと、「以下」は、ある基準よりも下のことをいいます。どちらも数量を限定する場合に用いますが、基準となる数量を含みます。
　例えば「金魚が５匹以下」は金魚が０～５匹であり、「金魚が５匹未満」は金魚が０～４匹です。言い換えれば、「５匹以下」は「６匹未満（みまん）」と同じです。
　また、「金魚が５匹以上」は金魚が５匹、６匹、７匹と、５匹プラスアルファいることになります。「金魚が５匹超（ちょう）」は金魚が６匹、７匹、８匹と、６匹プラスアルファいることになります。言い換えれば、「６匹以上」は「５匹超」と同じことを表します。
　ですから、数学の記号で表すなら、「以下」は「≦（小なりイコール）」、「以上」は「≧（大なりイコール）」ですね。また、「以下」と同じ意味で「以内」を使うこともあります。
　簡単な区別の仕方としては、「以」がつくときは、その数字を含む。（ただし「以外」だけは基準の数値は含めません。）
　○○を以て（モッテ）□□とする」という言葉があります。

この場合はもちろん○○が含まれていますね。

　もう１つ補助説明を入れますと、

　「年齢18歳未満と18歳以上」に分けることはできますが、

　「年齢18歳以下と18歳以上」に分けることはできません。18歳が両方に重なってしまいます。

　もう１つおまけに、

　「年齢18歳以下と18歳超」に分けることはできますが、

　「年齢18歳未満と18歳超」に分けることはできません。18歳が行方不明になってしまいます。

　ただし、文学的表現としては、「以下」を「未満（下回る）」、「以上」を「超（上回る）」といった意味で使う場合が見受けられます。例えば「期待以上、期待以下」や「想像以上、想像以下」といった言葉は、「期待したとおり」や「想像したとおり」のときには使いません。

　なお、民法の改正により令和４年（2022年）４月から成人年齢が20歳から18歳に引き下げられました。女性の婚姻開始年齢はこれまでは16歳でしたが、男性と同じ18歳となります。

　もっとも、成人年齢が引き下げられても、すべて18歳でできるようになるわけではありません。飲酒や喫煙、競馬や競輪など４つの公営ギャンブルはこれまでどおり20歳未満は禁止です。国民年金に加入義務が生じる年齢も20歳以上のままです。

　もちろんこのあたり、法の改正で変わる可能性があります。

∞　　∞　　∞　　付言遊譚　　∞　　∞　　∞　　∞

明日・明後日・明々後日の次は？

　これは今日を基準にして過去の日付から考えてみましょう。

４日前：そのままで（ヨッカマエ）

３日前：一昨々日（サキオトトイ、サキオトツイ、イッサクサ
クジツ）

２日前：一昨日（オトトイ、オトツイ、イッサクジツ）

１日前：昨日（キノウ、サクジツ）

　そして、今日（キョウ）ですね。

１日後：明日（アス、アシタ）

２日後：明後日（アサッテ）

３日後：明々後日（シアサッテ）

４日後：弥明後日（ヤノアサッテ）

５日後：五明後日（ゴノアサッテ、ゴアサッテ）

６日後：これはそのままで（ムイカゴ）

　一般的には３日前から３日後までの表現しか使用しません。別の意味として解釈しないため「４日後（ヨッカゴ）、４日前（ヨッカマエ）」と表現することが多くなりました。

　ところで、「シアサッテ」は明々後日で３日後です。「３」を「ミ」、「４」を「シ」に見立てて、３日後を「ミアサッテ」、４日後を「シアサッテ」とは言いません。

（９）月・週・日

　行事の日程を決める場合、「第２週水曜日」と「第２水曜日」とは違う場合があります。

53

本来、「日月火水木金土」とあって週の始まりは日曜日です
ね。各月1日は当然第1週になりますが、何曜日から始まるか
は一定しません。そうすると、第1週に入る曜日がその月の第
1の曜日になります。このあたりはカレンダーを見ながら考え
ると分かりやすいでしょう。

　たまたま最終の曜日の土曜日は、1日が何曜日から始まって
も第1週になりますから、「第1週土曜日」と「第1土曜日」
は同じになります。ですから、「第2週土曜日」と「第2土曜
日」とは違わないということになります。

　しかしながら、最近のカレンダーや手帳などでは、土日を週
末としてまとめるためか、月曜始まりのものもあります。この
場合は「第1週日曜」と「第1日曜」は同じになりますから、
「第2週日曜日」と「第2日曜日」とは違いません。逆に「第
2週土曜日」と「第2土曜日」とは違う場合が出てきます。

そもそも曜日とは

　「第○何曜日」という表現は主に日本における「国民の祝
日」の日程、イベントや祭り、ごみの収集日などを表記するの
に用いられています。また国際的規格は存在しないものの、フ
ランスでは毎月第1日曜が国立美術館（ルーブル美術館、オル
セー美術館など）の一般無料観覧日と決められておりますし、
この他にもフィリピンではイロイロレガッタ競争というイベン
トが3月第2日曜日に開催。またサマータイムの開始時期と終
了時期にもアメリカなど各国でこの表記が用いられています。

　では、この日時表記法の正しい理解の仕方について簡潔に書
きます。日本の法律で定める「国民の祝日」もこの数え方です。

1〜7日は「第1何曜日」　8〜14日は「第2何曜日」
　15〜21日は「第3何曜日」　22〜28日は「第4何曜日」
　29日以降は「第5何曜日」となります。

　つまりその月の1日から7日までの期間に存在する日曜日が「第1日曜日」です。

　ちなみに「第何週」という考え方については、国際的な日付に関する規格（ISO 8601）においては「その年の第何週」という規格はあるものの「その月の第何週」という規格は存在しません。そのため、ここでも月の週については誤解を招くため「第何週」という表現はしていません。

　最後に例として2024年（令和6年）現在、日本の「国民の祝日に関する法律」に定められている「国民の祝日」の中で「第何曜日」という設定を用いているものについて列挙しておきます。

成人の日（1月第2月曜日……2000年施行）

海の日（7月第3月曜日……2003年施行）

敬老の日（9月第3月曜日……2003年施行）

スポーツの日（10月第2月曜日……2000年施行）

〔参考〕

　　　母の日（5月第2日曜日）　父の日（6月第3日曜日）

第何曜日計算のおさらい（*´з｀）

　第1日曜日とは毎月7日までの日曜日

　第1月曜日とは　　　〃　　　月曜日

　第1火曜日とは　　　〃　　　火曜日

　第1水曜日とは　　　〃　　　水曜日

第1木曜日とは 〃 木曜日
第1金曜日とは 〃 金曜日
第1土曜日とは 〃 土曜日

〜 〜 〜 〜 〜

第2日曜日とは毎月8日から14日までの日曜日
第2月曜日とは 〃 月曜日
第2火曜日とは 〃 火曜日
第2水曜日とは 〃 水曜日
第2木曜日とは 〃 木曜日
第2金曜日とは 〃 金曜日
第2土曜日とは 〃 土曜日

〜 〜 〜 〜 〜

第3日曜日とは毎月15日から21日までの日曜日
第3月曜日とは 〃 月曜日
第3火曜日とは 〃 火曜日
第3水曜日とは 〃 水曜日
第3木曜日とは 〃 木曜日
第3金曜日とは 〃 金曜日
第3土曜日とは 〃 土曜日

〜 〜 〜 〜 〜

第4日曜日とは毎月22日から28日までの日曜日
第4月曜日とは 〃 月曜日
第4火曜日とは 〃 火曜日
第4水曜日とは 〃 水曜日
第4木曜日とは 〃 木曜日

| 第4金曜日とは | 〃 | 金曜日 |
| 第4土曜日とは | 〃 | 土曜日 |

～　～　～　～　～

第5日曜日とは毎月29日以降の日曜日		
第5月曜日とは	〃	月曜日
第5火曜日とは	〃	火曜日
第5水曜日とは	〃	水曜日
第5木曜日とは	〃	木曜日
第5金曜日とは	〃	金曜日
第5土曜日とは	〃	土曜日

（10）用字の統一

　～　十分に趣旨を生かして基準成り　～

　この文章なら「充分、主旨、活かし、規準、なり」という用字も一般的に使われます。

　原則として一文書について統一されていれば、間違った字が使われない限り差し支えはないわけです。一般的に公文書であろうが私文書であろうが、自分の考えで用字を選んでいくわけですし、1つの文書がせいぜい数ページのものでしたら、統一性もとりやすいわけですから、それほど難しいことではないと言えるでしょう。

　しかしながら、一般文書と発言・発話記録とは、よ（依）って立つところが違います。例えば議会の議事録というのは、1人の発言が時間単位の場合もあり、それが朝から晩まで何人も続くと10時間を超えることも少なくありません。このような

延々と続く、とてつもなく長い文書では、発言者名や句読点等も入れますと文字数にして1時間当たり2万字ぐらいになります。1日にして20万字、1つの会期に仮に10回の会議があるとするとおよそ200万字ということになります。

　ですから、早急に仕上げるとなるとどうしても1人で最初から最後までつくるということはできないので、手分けしてやります。そうすると、基準がなければ、あちらのページでは「十分」こちらでは「充分」、「主旨」が出たり「趣旨」が出たりということになると、1つの文書としての体をなさなくなり、信頼性も非常に低下してくるわけです。すると、ここでは「じゅうぶんに　しゅしを　いかして　きじゅんなり」は「十分に趣旨を生かして基準成り」ということになります。

　これが「いかして」でなく、「いかした」と発音されていたら、最後の「なり」を、基準が成立した意味の「成り」にして、「十分に趣旨を生かした基準成り」にするか、あるいは、「なり」を断定の意味の助詞「なり（也）」にして、「十分に趣旨を生かした基準なり」とするか、迷うところです。前後の文章から判断できれば選ぶこともできますが、そうでなければ「なり」と平仮名にしておきます。そうすると、少なくとも「成り」と断定したわけではないというふうに解釈できます。ある意味では逃げでもありますが、発話者の意思が確認できなければ、そういうやり方にしなければならない場合もあります。

　逆に発話者が、自分の言ったのはこちらの漢字の意味だと言ってくることもあります。主観的に考えるとその意を生かすことが正しいようですが、実際に発話された以上、その発言さ

58

れた状況での一般的な受け取り方のほうを採用しないと、質疑と答弁の間に微妙なずれが生じる場合もあります。

　ただし、引用文については、「かぎ括弧（「」）」でくくったり、長文になる場合は、縦書きは全文一字下げ、横書きは全行頭1字あけにします。そして、原文を尊重し、必ずその用字用例のまま表記します。もちろん句読点も数字もそのまま、一字一句変えないで引用します。

　　∞　　∞　　∞　　付言遊譚　　∞　　∞　　∞　　∞

採算性←→独立採算制（制度）

　採算がとれるかどうかという性質と、独立して採算するという制度との違いです。出る場面が違いますね。

「十」の読み方

　ところで、「十返舎一九」という名前の読みは「ジュッペンシャ」でなく「ジッペンシャ」です。「十」という字が熟語になり、促音が間に入るときの読み方は、もとの「ジュウ」に誘われて「ジュッ」と言ってしまいやすいものですが、「ジッ」と読みます。十戒（ジッカイ）、十回（ジッカイ）、十級（ジッキュウ）、十尺（ジッシャク）、十指（ジッシ）などがあります。もっとも、「ジュッカイ」を許容しようという動きもあるようですが……。

　「今初めて知った」って？　そんなものです。筆者も長い間、思い込んでいたものがあります。もちろん子供の頃に気がつくものがほとんどですが、中には大人になってから初めて気がついたものもあります。

　例えば「使」という字の書き方もそうです。「便」と同じよ

うに、右中央の「人」の字は上の横線を突き抜けないものと思っていました。ところが、「使」は人が縦横無尽に動き回るもので、伸び伸びと書くのが正しく、「便」はよく詰まるものだから、外に抜けていかない――これは覚え方です。本当のところは、「吏」は「官吏」と使うようにお役人のことで、「使」は人のために仕事をする役人を意味します。「便」の「更」は、「更（さら）に、変更」のように「変える」という意味があり、人を都合よく変えていく意味があります。ですから、ただ単に中の横線があるかないかの記号ではなく、漢字のできてきた過程が違うということだそうです。

　「ふうん、そうだったのか」と真摯に物事に向かうあなた、その調子で取り組むと「気づき」の力が増してきます。

　「何だ、そんなことなら百も承知だ」というあなた、笑っている場合じゃないんですよ。人が間違うということは、あなたも間違う可能性があるということです。たとえ同じもので間違わなくても、似たようなケースで間違いは必ず起こるんですよ。

御用達

　宮内庁御用達というのがありますね。この御用達の読み方は「ゴヨウタシ」「ゴヨウタツ」どちらが本当でしょうか。実はどちらも正しいんです。

　この言葉をひもときますと、御用を「達する」のか、「足す」のかの違いなんです。皇居関連から商人に品物を注文してくることを「御用」や「御用入り」などと言いました。これは、商人から見れば「御用を達（タッ）する＝御用たつ」となります。逆に皇居から見れば「御用を足（タ）す＝御用たし」と言

60

えます。後にこれらが混同してしまったので、「ゴヨウタシ」
と「ゴヨウタツ」の２つの読み方となったそうです。ちなみに、
「達する」とは「届ける」という意味であり、「足す」とは「満
たす」という意味に通じるそうです。

（11）聞き違い・読み違い
　〜　聞こえない音を聞き分け使い分け　〜
「気づき」ができるか？
　間違う可能性のある「言葉」は数限りなくあります。ただ漫
然と文字をたどっていくだけではなかなか見つかりません。ど
んな場合があるか、気づこうとしなければなりません。本書に
書き出した例はほんの一部です。こういう誤り方があるという
ことをまず念頭に置いて、そうするとこれから察すればほかに
どんな誤り方があるだろうかと考えながら校正・校閲します。
これを基本として応用問題を自分で想定して見つけていくわけ
です。ミスが出てしまえば、たとえ想定外のことがあっても言
い訳できません。
　記録の専門家集団では「気づく力」をキーワードにして「会
議録作成講座」を開いているところもあります。
　ひょっとしたら、もしかしたらと、絶えずアンテナを張って
いると、正常なリズム・メロディーの中に交じる不協和音、変
な雑音が見つかるようになってきます。

（12）当て字などの読み間違い
　「一寸（イッスン・チョット）」

これも「ちょっと」と言うべきところを、「イッスンあの話は後回しにして……」とか、「それはイッスンまずい」と間違う人がいます。これを真っ正直に解釈すると、「イッスン動かないで」と言われたら、3センチ以上動いてはいけないことになりますかな。

　そうそう八寸というのもものでありますね。「八寸」という言葉の由来は、茶の湯の大成者利休居士が京都洛南の八幡宮の神器からヒントを得て作ったと言われるもので、そもそもは八寸角の杉のへぎ木地の角盆を意味しました。やがて、それに盛られる酒肴のことを意味するようになり、現在では和食の献立の名称となっています。

　八寸とは八寸（24cmほど）四方の杉盆で、懐石に使う折敷（オシキ）のことで、本来は器を載せる膳のことですが、器として前菜を盛るケースもあります。元々神事に使うもので、神社などでは必ず見かけるものです。「お供え」を載せる敷物とか台のことです。これを茶道に取り入れたのが利休だと言われています。飯・汁・向付を乗せて茶を提供する前の腹作り軽食としました。これが懐石料理の始まりだそうです。

土産

　これを「ドサン」と言う人がいます。昔から地方のみやげは土でできた陶器とか、山野、田畑でとれたものとか、土のにおいのするものが多かったことからでしょうか。おみやげはどっさり、どさんと欲しいという思いがこもって言ったかもしれませんね。

浴衣

　もともと入浴の際やその後に使った「湯帷子（ユカタビラ）」から、同じ役目をするものを「浴衣」と書いて「ユカタ」と読むようになったということのようです。そういえば、本人にしか分からない何か特別な思い出でもあったのでしょうか、「浴衣」を「欲衣」と書く人もおりましたね。

タンキョウキ

　とくれば、短凶器？　単狂気？　端境期？

　端境期（ハザカイキ）とは季節の変り目で、米の収穫が済んで、次の作物がまだできていない期間のことです。春から夏にかけての野菜の端境期は期間が長く、組み合わせるのにも苦労します。昔はこの時期には、山菜や保存の利く野菜や春先に作った保存食——乾燥野菜やお漬物を食べ、次の野菜が収穫できるのを待ちました。ですから、野菜などの葉物の場合によく使われますが、決して「葉境期」ではありません。

　現代では経済経営用語にもこの「端境期」が使われています。品物の在庫が一時的に品薄になったり、人材がそろわなくなった時期にも使うことがあります。

　これを読み間違うようでは話の信憑性（シンピョウセイ）にも影響してきますね。

　ちなみに、野菜や鑑賞用植物には葉物（ハモノ）、実物（ミモノ）、花物（ハナモノ）などがあります。

∞　　∞　　∞　　付言遊譚　　∞　　∞　　∞　　∞

とんぼつりきょうはどこまで行ったやら

　加賀の千代女という江戸時代の女流俳人の句です。(「朝顔に
釣瓶とられて貰い水」もこの人の句。)

　とんぼつりというのは、さおの先の糸に、おとりのトンボを
結びつけておき、それを追うトンボを捕らえることです。広義
には網やもちを使ってとることも言います。

　とんぼと言えば三木露風の作詞、山田耕筰の作曲による、日
本の代表的な童謡の一つである「赤とんぼ」を思い出します。
その中で「オワレテミタノハイツノヒカ」という一節がありま
す。それを「追われて見たのはいつの日か」と、とんぼを追い
回したかのように思っていましたが、本当は「負われて」で
「背負われて見たのはいつの日だったか」という意味でした。
これも気がついたのは大きくなってからのことでした。

　同じようにことわざの「負うた子に教えられ」は「会うた子
に教えられ」と、出会った子供に教えられたかのように考えて
いたのを思い出します。

　そうそう「ふるさと」の「兎おいしかの山　小鮒つりしかの
川」というのは、昔はタヌキ汁ならぬウサギ汁というのがあっ
て、それがとてもおいしかった話だったかと思っていましたね。

「シ」と「ヒ」

　花のお江戸の大東京は、下町の話し言葉として「シ」と
「ヒ」が入り交じる発音もありました。仮に「シバチヤ　ヒチ
リンノシデ　シモノヲ　ヤク　シトワ　シノ　ヨウジンニ　キ
ヲ　ツケマショウ」と聞こえても、「火鉢や七輪の火で干物を

64

焼く人は、火の用心に気をつけましょう」と聞いてくださいね。

　ちなみに、この混同を利用して、発言を記録するための一手段として、「シイ・ヒイ」、「シキ・ヒキ」、「シク・ヒク」をそれぞれ同じ符号で表す速記方式もありました。

　また、大阪では、質屋の看板が仮名で「ヒチヤ」と書いてあったり、「しつこい」を「ひつこい」と発言する例もあります。事ほどさようによく似た発音ということになるんでしょうかね。

（13）言葉の覚え初め

　子供が言葉を覚えていく過程にはすごいものがありますね。覚えた言葉をうまく組み合わせて、大人があっと思うようなすばらしい表現をすることもあります。書きとめて残してやればいい記念になると思うものの、子供が小さい時分は子育てや日常生活の忙しさに紛れてそのままになってしまいがちです。後から考えたら本当に残念なことをしたものだと思います。大人になってからもそうですが、特に子供のときは自分が今まで覚えてきた、よく知っている言葉に似せて聞いてしまいます。

　正月のお鏡飾りで一番上は葉つきみかんですが、最近ではプラスチックの作り物を使うことがあります。そうすると、３歳の子供が「このミカン、人形さんやな」と言いました。最初は何を言っているのか分からなかったのですが、どうも「本物じゃない」ということを言っていたようなんです。子供なりに一生懸命の表現だったようであります。

デントウノホコリ

　逆にしゃべるほうでもそうです。私の小学校の校歌に「デントウノ　ホコリゾ　タカシ」という語句が入っていました。当時は昭和20年代、終戦の1945年から1950年代半ばごろまでは、家庭でいつ停電が起こるか分からないという日々でした。最近では大震災、原発絡みで節電のため停電ということで、準備もおさおさ怠りなく余裕を持って過ごせるようになりました。しかし、当時は今ほど電気機器の種類も数も多くなく、停電となれば電灯が消えて真っ暗になり、ろうそくを用意することが一番の大事（オオゴト）でした。電灯には明かりが下に向かうように反射鏡の代わりの簡単な傘がついており、その傘の上側にはほこり（埃）がたくさんついていたことを思い出します。

　そんな状況の下で、しかも先ほどの語句の前の一節に「この庭に光あふれて」という語句があったことも大いに影響しましたが、迷うことなく「電灯のほこり（埃）ぞ高し」と思い込んでおりました。それが「伝統の誇りぞ高し」であったのに気がついたのは、卒業して歌わなくなって大分たってからのことでしたね。

新宗教名

　そういえば、今は新宗教も数限りなくありますが、江戸時代末期から金光教や天理教などが広まっていたようです。それが子供の頃にはコンコンキョー、テンリンキョーとしか聞こえませんでしたね。お稲荷さんにはコンコンさんがいるし、おじいちゃんは「天眼鏡（テンガンキョウ……虫眼鏡）」で新聞を見ている。そういうなじみの言葉の音に似て聞こえていたので

しょう。何しろ、子供同士ではそれで十分通じていましたので
ね。

コーヒー

　また、1960年代に「コーヒールンバ」という歌がはやった
ことがありました。西田佐知子が歌っていましたが、その一節
の中で「コーヒーノカマタリ」というところが何の意味か分か
りませんでした。平安時代には藤原鎌足（フジワラノカマタ
リ）という歴史上有名な人物がいましたし、おまけに昭和の名
脇役俳優にも同じ発音の藤原釜足（フジワラカマタリ）という
人がいました。そんな人たちにも関係あるのかなと思ったり、
あるいはまた「コーヒーの塊（カタマリ）」かと思ったりもし
たものでした。

　それが、中東はアラビアのイエメン産コーヒー豆を特に「モ
カ・マタリ（Mokha Mattari)」と呼ぶということを知ったの
は喫茶店に通い出してからでしたね。爽やかな香りと強い酸味
のある味わいで、かつて「コーヒールンバ」に歌われていたた
めか、日本でも人気が高いということを聞きました。今さら説
明する必要もないでしょうが、「コーヒーのカマタリ」でなく
て「コーヒー、モカ・マタリ」でした。

タマの装いうらやまじ

　これには竹山道雄著の『ビルマの竪琴』という小説から参り
ましょう。第二次世界大戦のビルマ戦線です。音楽学校出身の
隊長に率いられたその小隊は「歌う部隊」と呼ばれていました。
彼らは合唱することで隊の規律を維持し、慰め合い、団結力を
高めていました。ある村でイギリス・インド軍に包囲されたと

き、「埴生（ハニュウ）の宿」を歌いながら態勢を整えようとしました。すると、敵側からも歌声が聞こえてきたのです。それは「埴生の宿」の原曲の「ホーム・スイート・ホーム」の合唱でした。日本語と英語でともに同じメロディーが歌われたことによって、ようやく「歌う部隊」は戦争が終わったことに気がつき、イギリス軍の捕虜となって、命を長らえることができたというものです。

　この「埴生の宿」とは「土間にむしろを敷いて寝るような粗末な家」のことです。「それほど貧しくても我が家が一番だ。それに比べれば、たとえ宝石で飾り立てたような玉の装いでも羨ましくはない」といった歌詞の内容で、もとの詩の内容を忠実に伝えながらも美しい日本語に当てはめられています。これを子供の頃は、きれいな服を着るのはよそ行きのときだけでふだんは着ない、たまにしか着ないので「たまの装い」だと思っていました。

　脚本家の向田邦子さんの作品名に「眠る盃」とか「夜中の薔薇」というのがありましたが、これも土井晩翠の「荒城の月」の歌詞「巡る盃」やドイツ歌曲「野薔薇」の「野中の薔薇」が聞き間違いやすいということからの発想だそうですね。

　長々と子供の聞き誤りの例を述べたのはなぜかと言いますと、これがそもそもの誤聴をする大きな原因の１つだからです。つまり言葉を知らないと、せっかくはっきり聞こえていても正確に受け取れないということです。いわゆる語彙力を高めていくことです。自分自身の言葉の引き出しの内容を豊かにして、こんなこともあるあんなこともあると、こちらから音を迎えにい

くような感覚で聞くことが誤聴につながらない、誤記撃滅の第一歩です。

　〜　はっきりと見えぬところに潜む誤記　〜

（14）ヒヤリハット

　〜　ヒヤリハット　かぶりかけたる　恐ろしさ　〜

　夏用の帽子ではありません。ヒヤリ・ハットという標語というか言い方がありますが、これは、結果として事故に至らなかったものということで、見過ごされてしまうことが多いことを例えたものです。ひやりとしたり、はっとしたりしても、済んでしまえば、ああよかったとすぐに忘れられがちなものですね。

　しかし、重大な事故が起こるときには、それまでに多くのヒヤリ・ハットが潜んでいる可能性があり、それらの事例を集めることで大災害や大事故を防ぐことができます。これも気づきの世界につながります。

　そこで、多くの職場や作業場などでは、それぞれが体験したヒヤリ・ハットの場面を記録にとどめ、共有することにより、防げるように努力するという活動が行われています。

　これは、提唱者の名前から「ハインリッヒの法則（Heinrich's law）」といいます。労働災害においての経験則の１つとして、「１つの重大事故の背後には29の軽微な事故があり、その背景には300の異常が存在する」というものです。これはハインリッヒの「災害三角形（トライアングル）」あるいは「傷害四角錐（ピラミッド）」とも呼ばれています。

　子供が巻き込まれる交通事故なども、交差点では子供は信号

を信頼して青くなるとすぐに飛び出すことがあります。しかし、運転者は黄色や赤色でも通り抜けようとしてスピードを緩めません。自分自身で判断するように心がけないと、命は幾らあっても足りません。

　校正・校閲もこのヒヤリハットの連続だということを頭に置いて読んでいくことが大切です。間違いの可能性があるんだという疑いを持って取り組まねばなりません。

　∞　　∞　　∞　　付言遊譚　∞　　∞　　∞　　∞
チクバノトモ
　「竹馬の友」を「竹輪の友」と書いて平然としている人もいます。子供の頃は竹馬に乗ることもなく、友達とは竹輪を食べながら遊んだんでしょうか。発音は「ちくば」と「ちくわ」で結構よく似ていますね。もっとも、「たけうまのとも」と発音する人もいたようですね。

　蛇足ですが、「ちくわ」はなぜ「竹輪」と書くか御存じですか。竹のように中が空洞だからという人もいますが、つくり方を見たらよく分かります。かまぼこ、はんぺん、ちくわ、さつま揚げは一般的に「練り製品」と呼ばれていますが、中でも「ちくわ」は、魚のすり身を主原料にでんぷん、食塩を加えて練った材料を竹の棒に巻きつけて焼いたものです。その竹の棒を抜いたものが現在のちくわの原型になっています。

　本来のかまぼこは、現在の竹輪に似たもので、その形がガマの穂に似ているから「蒲鉾（カマボコ）」の名ができたということです。その後、板につけたものができて、それを板蒲鉾と

言ったりしましたが、紛らわしくなって、元の蒲鉾はその形から「竹輪」と、板蒲鉾のほうを普通に「蒲鉾」と呼ぶようになったそうです。そして、だんだんその呼び方が板についてきたようです。

　それぞれの部分の理論的説明は正しくても、全体を総合した判断には及ばないという考え方もあります。そのときそのとき何が飛び出すか分からないわけですから、いろんな方面に広がりを持って意識することができるようになることです。

縦と横

　「縦のものを横にもしない」という言い方がありますが、「横のものを縦にもしない」という言い方もします。これは江戸時代から両方ともに用例があり、「一度座り込んだら縦のものを横にもしない」のように面倒くさがって何もしないことを表します。

　標語で「腹は立てずに横に」というのもあります。「気は長く、心は丸く、腹は立てずに横にして、己（オノレ）小さく人は大きく」という教えです。茶碗や小物類に書き込んだものもありますね。

喧伝・宣伝

　日本語の母音は割合はっきり発音され、また聞き取りやすいものです。歌を初めて聞くときはメロディーに乗せているということもあり、意味の切れ目が分かりにくいものです。楽器の音にも溶け込んでしまい、非常に聞こえにくくなる場合もあります。そんな場合も母音「ａｉｕｅｏ」はよく聞き取っているものです。逆に「ｋｓｔ」など子音は不確かで、別の子音に受

け取りやすいものです。「喧（ken）」「宣（sen）」などのように子音「k」と「s」の違いだけで、言葉の出る場面も似ていますと判別に困るものです。

　ここでは聞き間違うのは子音の場合が多く、母音を聞き誤ることは少ないということを頭に入れておきましょう。

6 発言の修正・訂正

（1）「日本」はいつ始まったか？

　次の文章は、ある地方議会で2007年に行われた質問の議事録です。プロはどこまで正確に仕上げていくのでしょうか。

〜　〜　〜　〜　〜　〜

　「今国連に加盟している国が191カ国、非加盟国が49カ国で、全体で240カ国あります。この中で国名を変えず、世界の中で一番長く続いている国が私たちの日本であります。

　最初に日本という言葉が使われた文献は、平安時代に後宇多天皇が書かれた遺書で、その中に「それ我らが大日本国は法爾の称号にして、秘教相応せる法身の土なり」というくだりがあります。

　これが初めて日本という言葉が使われた公の文書でありますが、この文書が書かれてもう既に1,200年以上、日本という国名が続いてきております。このことは世界に例を見ません。国がその国名を変えずに長く続くということは、国を構成するあらゆる分野、特にその国の国民にすばらしい要素がそろっていたことだと思います。」

　これは後宇多天皇が「日本」という言葉を初めて文書の中に

72

残したという話です。

　まず、第2段落に「平安時代に後宇多天皇が書かれた遺書」とありますが、「後宇多天皇」は鎌倉時代の天皇であり、平安時代は宇多天皇でした。すると、時代か人かどちらかに誤りがあるということになります。

　次に、第2段落に引用された文章の

　「それ我らが大日本国は法爾の称号にして、秘教相応せる法身の土なり」ですが、

　実際に発声されたものは、

　「ソレワレラガダイニホンコクワホウニノショウゴウニシテヒキョウソウオウセルホウシンノドナリ」です。

　こういう文章は、もともと知らない言葉もあり、全部を正確に聞き取ることは非常に難しいものです。しかし、国語辞書・百科事典・インターネット検索等いろいろな方法で調べた結果、「遺書」が「後宇多天皇御手院御遺告」のことだと分かります。それと同時に、その文書の中から該当する文章を見つけ出すことができます。

　すると、第2段落の天皇は後宇多天皇になり、平安時代でなく鎌倉時代となります。

　さらに、第3段落に「1,200年以上」とありますが、これは平安時代から現代までの期間であって、鎌倉時代の「後宇多天皇御手院御遺告」は元亨元年（1321年）のものですから、2007 − 1321 ＝ 686となります。

　そこで、「1,200年以上」は、よく似た言い回しとして「700年近く」に訂正してはどうかということになります。

そして、発言訂正をする場合はもちろん発言者に相談し、「発言訂正願い」を議長に提出してもらった上で一般配布用会議録を訂正するということになります。もちろんその場合でも会議録原本には訂正前の言葉と訂正後の言葉が分かるように表示し、さらに「発言訂正願い」を綴じ込んで永年保存とします。

　このように議事記録者は、記録をとることはもちろん、その記録に命を吹き込むために多大な努力を続けているわけです。聞く力、理解する力、調べる力、表現する力等々を総動員して仕事をするわけですね。外から見れば単純に書き取りをしているだけのように見られますが、決してそんな簡単な作業で済んでいるのではないわけです。

第 2 章

日本語の高度処理

1 会議録の高度処理

　従来、日本では会議録づくりの仕事というものは、速記符号を使い、話を聞いて書き取り、それを文字に起こして記録をつくるという特殊技能でした。ところが、現代の録音機や音声認識技術の発展とともに、これらを使えば、速記技能は必要なくなったのではないかと考える人も出てきました。

　しかし、実際のところ、速記の仕事は速記符号で音声の定着をするだけのものではないわけです。それは会議録調製の仕事の前半部分でしかありません。本来、会議録づくりというものはその後半部分——定着された音声を一般の人にも読める文章で内容を的確に表現することのほうが大きな部分を占めます。

　急速に進化したＩＴ機器等を利用することにより、発言の記録づくりの前半である音声の定着は比較的楽になってきましたが、話されたままでは記録としての体裁も正確さも不十分なものです。そのため後半の仕上げ部分は相変わらず人間の頭脳に頼らなければ、一般の人が明快に理解できる文書はでき上がりません。

　これは広く考えれば、音声の定着だけでなく思想の定着、つまり自分の考えや思いを定着すること——提案や論文や日記などの個人的文書を含め、発想を正確・適切に文書として書きとどめるためにも必要なことではないでしょうか。

　ですから、そんな日本語を扱うすべての人に役立つというノウハウ、正確な言葉への適切な気づきを本書で提供できれば幸いだと思っています。

　本当に真摯に記録作成に取り組んできた人はその確かなノウ

ハウを持っています。委託者に受託者、その両方が仕事の性質をしっかり理解・把握することによって無駄は省けます。良質の仕事をする業者を選び任せることによって、最終的に依頼者側の時間や費用が少なくて済みます。

　また、近年この分野で大きな比重を占めるようになってきたのが字幕作成の分野です。字幕付与は、映像に含まれる動画や音声に対して、文字により情報を補足するものです。一般的な情報の提示のほか、映像本来の音声を何らかの理由で利用できない利用者のために表示します。発言内容の正確な文字化による情報提供という点において、会議録作成でこれまで速記や録記等の文字起こし者が果たしてきた分野、特に後半の仕上げの分野――視聴者とつながる部分の作成に大きく関連するものとも言えます。

2 校正と校閲
　～　校正は後出しじゃんけん先が負け　～
（1）誰でもできると勘違い
　複数の人が校正する場合、後で見る人ほど優位に感じてしまうことがあります。前の人が見つけられなかったものを見つけたということで自分が優秀だと錯覚してしまいます。一般的には大量の文章であれば、人の目が替わると、必ずと言っていいほど間違い個所は出てくるものです。もし逆にあなたが順番を変えて先に校正をすると、今度は後から見る人に残りのミスの幾つかを見つけ出されるものです。まさに後出しじゃんけんです。

まず、常識と言っていいその仕組みを理解した上で、愚直と思われるほど真摯に、かつ疑いの眼（マナコ）をもって取り組むことが、ミスを少なくする秘訣です。

（2）校正・校閲で正確になる限界

　「校正」は、元原稿があり、それと対照しながら字句の誤りを直します。

　「校閲」は、字句の誤りに加え、元原稿の内容の正誤をもチェックします。また、元原稿のない発言記録などを作成する場合にも使われます。

大震災

　例えばここに、

　「1932年9月に関東大震災、1995年7月に阪神・淡路大震災、2011年3月に東北大震災があった」という原稿があり、

　それが、

　「1932年9月に関東大震災、1995年7月に阪神・淡路島大震災、2011年3月に東北大震災があった」という文章になっていれば、これを、

　「1932年9月に関東大震災、1995年7月に阪神・淡路大震災、2011年3月に東北大震災があった」というふうに「淡路島」の「島」をとるのは校正です。

　そして、「東北大震災」はおかしいと気づき、「東北」を「東日本」にするのは校閲の分野と言えます。

　さらに、ベテランの校閲者なら数字を確認します。特に古い時代のものはうろ覚えのことも多いものです。1932年という

と、昭和元年が1926年だから昭和になる。関東大震災はたしか大正時代だったぞということで、調べてみると大正12年で1923年、つまり数字の2と3が入れかわっていたということに気づきます。

さらに、「1995年7月に阪神・淡路大震災」というのはどうでしょう。実際に阪神・淡路大震災が起こったのは「1995年1月」です。これは恐らく「イチガツ（1月）」を「シチガツ（7月）」と聞き取ったことによるものでしょう。

ところで、よく言われることですが、数字を間違うと、その文書に信頼性がなくなります。中でも取り違えやすいと言われるものに「1（イチ）」と「7（シチ）」があります。「7（シチ）」と「4（シ）」も間違うことがあります。そこで、特に読み合わせ校正のときには「7」を「ナナ」と読みます。そうすると「1（イチ）」とも「4（シ）」とも間違うことがありません。

また、数字同士ではありませんが、「3（サン）」と「半（ハン）」、「100（ヒャク）」と「約（ヤク）」も要注意です。「3時間」と「半時間」、「120万円」と「約20万円」などですね。そうそう「4」と「余」もあります。「14年」と「10余年」のように全く同じ発音になる場合もあります。

（3）絶えず出てくる新語・略語・専門語

　日本語は、漢字仮名交じりで表記されます。特に名詞は漢字の組み合わせでつくられることが多いものです。そして、漢字というものはもともと一字一字が意味を持っており、それが結びつくとまた新しい言葉ができます。

文明開化の明治時代には、西欧の文化・文明を取り入れるのにたくさんの原書を翻訳する必要が出てきました。各国の原語を日本語で表すときに、例えば「白　white、黒　black」というように、外国語と日本語の意味が対応するものはいいんですが、対応しないものも結構あります。もともと日本語にないものを表すものを言葉でどう表現するかという問題が出てきました。

　そこで、その内容を的確に表現するため、漢字の意味や音を考慮しながらできた新しい言葉——専門語がどんどんつくられました。これには日本語にその概念が存在しない新造語、既に中国で使われていた訳語の借用語、さらにもともとある類義語を利用した転用語というようなものもあります。

　このように造語力の大きい漢字で限りなく新しい言葉ができるのも日本語の特質とも言えます。

　さらには、漢字だけでなく算用数字（1，2，3などのアラビア数字）やアルファベット、あるいは記号類なども文章に取り入れてしまいます。外国語や科学技術の用語などを受け入れなければなりません。現代の複雑過ぎることから来る煩雑さも出てきます。

　「速記」という言葉も定着するまでは紆余曲折がありました。明治15年の当初に使われた言葉は、機能面からの「傍聴記録法」です。それが「傍聴筆記法」となり「言語の写真法」となり、様々な言葉が出てきました。そして、最終的には明治のジャーナリスト矢野龍渓が『経国美談』の下巻を著述するときに速記を活用したから「速記」に落ち着いたということが定説です。

∞　　∞　　∞　　付言遊譚　　∞　　∞　　∞　　∞

スイキョ←→スイキョウ

　これまたある都市で長年記録に携わった人のお話です。何かの役職に選ばれたり、会議の議長に推選されたりした人が、お礼の挨拶をするときの決まり文句なんですが、「皆様方のゴスイキョによりまして、この重要な任務を担うこととなり……」というようなくだりがあります。そうすると、この「ゴスイキョ」という言葉が、選ばれる人によっては、どうしても「御推挙」とは聞こえないんだそうです。その役にふさわしい立派な人が選ばれる場合は、正しく「ゴスイキョ（御推挙）」と聞こえるわけですが、この人で大丈夫かな、あれっと思うような人が、順番が来たのか選ばれてしまった場合は「ゴスイキョウ（御酔狂）」としか聞こえなかったそうです。長音と短音の区別は、現代のように話す速度が上がってくると、どちらにでも聞こえるようです。

言葉知らずの失礼

　私事ですが、職場の作業の手伝いに来て、謙遜して使った言葉です。当方もいいかげん年配の部類に入っていたので、「枯れ木も山のにぎわいだから」と言いながら部屋のセットに参加すると、若い人がにこにこしながら言葉を返してくれました。

　「ほんとにそうですね」

　その当時は長身痩躯（180cm・55kg）の退職前の身でした。今の若い世代では、このやり取りで通るようですが、

　「いえ、とんでもないです。助かります」とでも言ってほしかったなあ。

ジョウキセン

　上喜撰（ジョウキセン）は、緑茶の銘柄（ブランド名）で宇治の高級茶です。本来の銘柄は喜撰で、その上等なものを上喜撰とか正喜撰と呼んだそうです。「喜撰」は平安時代の六歌仙の一人、歌人の喜撰法師に由来し、「わが庵は都のたつみしかぞ住む世をうじやまと人はいふなり」という歌から名づけられました。

　1853年、ペリーによる浦賀への黒船来航（蒸気船）とかけた狂歌「泰平の眠りを覚ます上喜撰たつた四杯で夜も寝られず」で有名です。これは当時の幕府のろうばい（狼狽）ぶりを皮肉ったものとして有名です。これにヒントを得てか、1966年、あのザ・ビートルズが来日した折にこう詠んだ人がいます。

　「太平の眠りを覚ます正気せぬたった四輩で夜も寝られず」

（4）間違いに気づく

　間違い例を数多く知ることこそ、間違いに気づく源です。1つでも多くの例に触れる機会を持ちましょう。そして、なぜこのような間違いになってしまったのかを考察することで、似たような間違いを犯す率がぐんと少なくなります。

　例えば「オカス」にも「犯・冒・侵」とありますが、それぞれ「犯罪・冒涜・侵害」というように漢字熟語に置き換えると分かりやすくなることが多いものです。

　「アヤマチ・アヤマル」も、「過ち→過失・過誤」と「謝る→陳謝・慰謝」、「誤る→誤解・誤訳」と置き換えて考えます。

　「サイゴ」も使い分けの難しい言葉です。「最後」は物事の

一番終わりという意味で、「最後の審判、一番最後」などと使われます。「最期」は「死に際」のことです。「あえない最期を遂げる、最期の言葉」というように使いますね。

3 各種記号の書き方

〜 点１つ打てば内容大違い 〜

（１）句読点と句切り符号

　「くぎり」は、一般的には「区切り」と書きますが、特に句読点関連では、語句を扱うものですから「句切り」を使います。

　句切り符号は、文中の語句の切れ目を示す符号で、「。　、」……句読点、「・」……中点、「　」（　）……括弧・丸括弧などがあります。

　例えば読点「、」の場合、文章の頭の接続詞の次に読点を入れるというやり方があります。論文や小説などは個人によってまちまちです。しかし、一つの文書で統一性がとれていなければ内容もあやふやに思われるかもしれません。特に記録文書など、複数の人間が作成に携わる文書などはこのやり方がふえてきました。

（２）句読点の基本

　まず、読点を打つべきところです。

・「けれども」や「が」など逆接の接続助詞の後

　　□□を見たけれども、

　　□□と考えますが、

・文の初めの接続詞などの後

□□。しかし、□□□

□□。ただし、□□□

□□。だから、□□□

　これらの場合でも、直前の言葉が「□□。」で終わるのではなく、「□□、」で終わるときは「□□、しかし□□□」のようにすることが多いようです。

・意味が正確に伝わるように

・余りにも長く文章がだらだら続くとき

・その他、以上のことが複合したとき

　ただし、原則どおりに打つと多くなり過ぎて煩わしいこともあり、適宜省くこともあります。

災害

　それでは、最近は地球温暖化のせいか、災害が増えてきましたが、次の場面ではどうでしょう。既に水防指令や警戒警報が出されているという場面です。

①私どもは、９時に、これらを受けて対策本部を設置した。

②私どもは、９時にこれらを受けて、対策本部を設置した。

③私どもは、９時にこれらを受けて対策本部を設置した。

　①では、本部を設置したのは９時ですね。

　②では、指令や警報が出ているのが９時です。

　③では、どちらとも解釈できます。

ふたえにまげてくびに

　句読点については、「二重に曲げてくびにかける数珠」という有名な文言があります。

　江戸時代の人形浄瑠璃や歌舞伎の作者として知られる近松門

左衛門が自作に句読点をつけていたら、居合わせた数珠屋が、そんなものは必要ないと言って帰ったそうです。その後、近松がその数珠屋に「ふたへにまげてくびにかけるやうなじゅず」という注文をしたということです。数珠屋は「二重に曲げて、首にかけるような数珠」とは、随分長いと思ったが、つくって届けると、近松は「注文とは違う」と突き返しました。数珠屋は怒りましたが、近松は、注文したのは「二重に曲げ、手首にかけるやうな数珠」だと言ったそうです。

　これは恐らく、数珠屋が普通の短い数珠を持ってきたら、近松は「二重に曲げて、首にかけるやうな数珠」だと、「長い数珠を注文したんだ」と言うことでしょう。

　これは、とんち話で有名な一休さんにまつわる話だという説もあります。一休さんには、句読点には直接関係はありませんが、橋のたもとに「このはしとおるべからず」という立て札があったという話もありましたね。このときは端（ハシ）でなく、橋（ハシ）の真ん中を通ったということですね。

　このように平仮名だらけの文章はコミュニケーションにおいて誤解を招くおそれがあります。そこで、分かりやすくするために、

　①漢字を入れて意味をとりやすくする。

　②句読点をつけて内容を区切る。

　③文章の前後からシチュエーションを考えれば判断できるようにする。

　などの配慮をしなければなりません。

　①は、「手首」と書いたり、「端」と「橋」を書き分けたりす

る場合ですね。

　②については、例えば「刑事は血まみれになりながら逃げる泥棒を追った」という文章では、「血まみれ」なのは、刑事か泥棒か分かりません。そこで、「刑事」が血まみれなら、「刑事は血まみれになりながら、逃げる泥棒を追った」ですね。血まみれなのが「泥棒」なら、「刑事は、血まみれになりながら逃げる泥棒を追った」となります。もし句読点だけでは分かりにくいというのなら、「逃げる泥棒を、刑事は血まみれになりながら追った」または「血まみれになりながら逃げる泥棒を、刑事は追った」と語順を変えればもう大丈夫でしょう。

　③については、例えば旅行中、「ここではきものをぬいでください」と、玄関に書いてあれば「はきもの（靴等）」と考えるでしょうし、温泉につかるときなら「きもの（着物）」を脱ぐことになるでしょう。

茶色は靴か中敷きか

　「あそこにある茶色の中敷の入ってない靴を持って来て」と頼まれました。さて、茶色いのは中敷なのか靴なのか。

　茶色の中敷とすれば、靴の中に入っているかいないか分からないから、近くに行かなければ色は確定できない。これはおかしい。そこで、茶色の靴とすれば、中敷の有無を調べて確定できる。これで一件落着ですね。

　文章としては「茶色の」という言葉の後に読点を打つか、「茶色の」を「靴」という言葉の前に持ってくるかでしょうが、「茶色の、中敷の入ってない靴を持って来て」
「中敷の入ってない茶色の靴を持って来て」

実際の発言なら読点は不明なので、下の例がより正確な表現となりますね。

（3）繰り返し符号は漢字１つだけ「々」

　今は１音の繰り返し符号の「々」だけが生き残っています。以前は２音以上でも、縦書きの場合に「く」の字に似た２マス分の繰り返し符号を使っていたこともありますが、現代では横書きが一般的になったせいか、ほとんど使われなくなりました。

∞　　∞　　∞　　付言遊譚　　∞　　∞　　∞　　∞

繁←→煩

　「×繁雑→○煩雑（ハンザツ）」わずらわしく（煩わしく）雑多

　「×頻煩→○頻繁（ヒンパン）」しきり（頻り）に繁多

　このあたりは、手で文字を書いていた時代によく間違ったものですが、今や情報機器　スマホ・パソコンの画面で漢字を選ぶ時代になってからはほとんどなくなりました。しかし、たまに内蔵の辞書が間違っている場合もあることも忘れてはいけません。コンピューター機器の作動も人間が仕組んでいるわけですからね。

市長←→首長

　同じ場面で出てくるものであり、また類似音のため聞き分けにくいこともあって、結構間違うものです。

　「首長」は、地方公共団体の長——都道府県知事及び市町村や特別区の長を指して用います。「市長・主張・首相」などと区別するため、わざと「クビチョウ」と発音する場合もありま

す。

4 数字の書き方

～ 数字の間違い、命取り ～

（１）漢数字と算用数字（アラビア数字）

　予算書、議案書、報告書などの数字は、読み間違うことも多いので、必ず依頼者から資料をもらって参照しなければなりません。

　「一、二、三、四、五、六、七、八、九、十」は漢数字、

　「１、２、３、４、５、６、７、８、９、０」は算用数字またはアラビア数字と言います。

（２）縦書きと横書き

　縦書きの場合は原則として漢数字を書きます。特に算用数字は使いませんが、固有名詞に出てくるもので使う場合があります。また、新聞などでは２桁や３桁のものは算用数字を１マスに収めて書き込む場合もあります。

　横書きの場合、算用数字は１マスに２文字入れる場合が多いようです。そして、漢数字と算用数字（アラビア数字）等の使い分けが難しいと言われます。

　「一番人気がある」

　「１番人気である（競馬・競輪等)」

　数量的に別の数字を当てはめても意味が通じる場合は算用数字、それ以外の熟語的なものは漢数字を使います。

（3）年・年度、パーセント、概数等は、こう書く

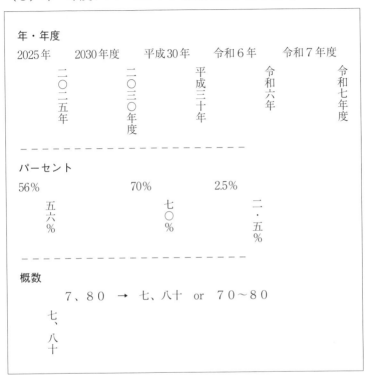

5 外来語は難しい

（1）日本語を読み書き話すときの外来語

　ところで、一般的な日本語が使われる場でも、あるいは速記検定試験などでも、カタカナ語（主に外来語）というだけで苦手に思う人がいます。しかし、それは錯覚と言えるでしょう。恐らくその言葉になじみがなくて、しっかりと聞き取れないということが多いものです。知らない言葉は、聞き取りにくいも

のです。幼い子供が初めて聞く言葉を、自分の知っている別の言葉として聞き取ってしまうことがありますが、それと同じことでしょう。

　また、知らない言葉は聞こえないということがあります。聞き慣れない言葉は正確に聞こえません。ですから、本人のなじみのある言葉、聞き慣れた音に聞いてしまうことが多いものです。知っている言葉に引っ張られるわけですね。

　以下はよく出る例で、実際に私も体験しました。どちらが正しいかお分かりでしょうね。

〜　〜　〜　〜　〜　〜

シミュレーション	……	シュミレーション
パラボラアンテナ	……	バラバラアンテナ
ファストフード	……	ファーストフード
ラッシュアワー	……	フラッシュアワー

〜　〜　〜　〜　〜　〜

　以上すべて、左側のつづりが正しいものですね。

シミュレーション

　以前は、外来語になじみのないお年寄りが発音しなれない「シミュ」を、よく発音してきた「趣味（シュミ）」に置き換えてしまったように言われていたようです。日本語の発音に「ミュ」が少なく「シュ」が多いことにも影響されているのかもしれません。そういえば「コミュニケーション」も「コミニュケーション」と言ってしまったり、正しく発音していても、そう聞こえてしまったりすることがあります。これも同じく、日本語では「ミュ」より「入（ニュウ）」などに含まれる

「ニュ」の発音が聞きなれていることからかもしれません。「シチュエーション」を「シュチエーション」と読んだり聞こえたりするのもその例の一つですね。

また、タイトルそのものの間違いもありますが、紹介記事の打ち間違いも多いものです。あるマンガ雑誌の連載もののタイトルに「シュミレーション」が堂々と使われ、それがコンピューターゲームのタイトルにも蔓延（マンエン）したことがあり、その影響で関係者の間でよく間違われたということです。

パラボラアンテナ

第二次大戦時、神戸の六甲山頂には阪神間の防衛のために日本軍の高射砲陣地が設けられました。戦争終結後はアメリカ軍に接収され、巨大なパラボラアンテナが設置されました。その後近畿地方で唯一の在日アメリカ軍施設となり、平成4年（1992年）に返還されるまで民間人の立ち入りができなかったという代物（シロモノ）です。返還されるまでは地元の議会でたびたび議題になったものです。お年寄りの議員がそれを「バラバラアンテナ」と言っておりましたな。

ファストフード

これは野球で1塁のファーストベース、欧米発祥マナーのレディーファーストなどの先行外来語に引っ張られ、「最初の」という意味の「ファーストフード」と発音する人が多いものです。

ラッシュアワー

この言葉にしても、「アワー」は時間の意味だと理解していても、「ラッシュ」という言葉になじみがなければ、もともと

91

知っていた写真撮影時の「フラッシュ」という言葉に聞こえて
しまったのかもしれません。

　これらは実際にあった話で、そういうふうに聞いて、覚えて
しまった人が、議論の場で発声してしまった例です。

6 辞典・事典などを使おう！
〜　文書とは日々の思いの書き示し　〜
（1）発言者の思い

　発言記録というものは、話者の発音に合わせるだけでは十分
とは言えません。発言者が言わんとしたところを推察し理解し
た上で書き表します。そうすると、例え話者に言い間違いが
あっても自然と分かるようになります。

　まず、発言されたものがあるわけですね。それを文書として
表さなければなりません。発言者の言わんとしたところを読者
に的確に伝えなければなりません。そのためにも用字用例辞典
を駆使して正確な文書に仕上げる必要があるというわけです。

（2）用字用例辞典の利用

　言葉や文字に興味——こだわり？　のある方、たくさんの文
書を作成する方、特に記録関係の仕事をするなら、迷わず日本
速記協会発行の「標準用字用例辞典」を推奨いたします。誰も
が読みやすい文章が書けます。

　例えば小説家の中でも、数々の文学賞を獲得し、ミステリー
に時代小説にファンタジー、ＳＦ等々、幅広い分野で活躍して
いる宮部みゆきさんは、法律事務所で速記を生かした仕事をし

ていました。話の面白さといい、読みやすさといい、すばらしいものがあります。あの読者が理解しやすい文体は、速記秘書時代の文章修行のたまものと言ってもいいかもしれませんね。

（３）各種辞典・事典・字典の個性を見きわめよう

大雑把に分類しますと、「辞典」は言葉や文字の発音・表記・意味等について解説しています。それに比べ「事典」は物事の内容を解説したものです。また、「字典」は漢字の読みや意味に加え、字体について示したものもあります。

国語辞典、外来語辞典、類義語辞典、反対語辞典、英和辞典、和英辞典、仏和辞典、独和辞典、古語辞典、漢和辞典、表記辞典、用語の手引き、百科事典、名言事典、配色事典、漢字字典、漢字筆順字典、書道三体字典——まだまだありそうです。

（４）すばらしい日本語の造語力

辞書を見ていると、「イギ」という言葉にもいろいろあることが分かります。例えば異なる意見を持つときには「異議がある」と言います。議会などで採決する場合に「御異議ありませんか」、「異議なし」と使います。「抗議」「会議」なども「議論」の「議」ですね。

また、異なる意味を持つ言葉に対しては「異義」と書きます。「同音異義」などと使われます。

さらに、「有意義」の「意義」という言葉もあります。

それから、厳めしい態度をとるときには「威儀を正す」という言い方もあります。

会議や講義などでは、リアルタイムに日本語を理解し、的確に表現していかなければなりません。これらの使い分けは、「議・義・儀」などの漢字の意味を知っておくと、より理解しやすいでしょう。そうすると、間違って「会義」や「講議」や「意議」と書いてしまうことはなくなるでしょう。

∞　　∞　　∞　　付言遊譚　　∞　　∞　　∞　　∞

十人十色←→十人並み

　「十人十色」は、健康診断で顔色を判断するとき、10人の人がそれぞれ違っていたというような話をする人がいますが、もちろんそうではありませんね。10人いれば10種の個性があることから、人間の考え方や好み等が1色だけでなく、さまざま多様であることを言ってますね。「多種多様」とか「三者三様」とかもよく似た意味を持つもので、英語では"So many men, so many minds"というところだそうです。

　ところで、「十人並み」という言葉がありましたね。これはよく「十人力」という言葉に引っ張られて勘違いしやすいそうですが、「10人の中で1番の……」ではなく、「10人という比較的たくさんの人を平均してならした……」ということで、容貌・技量・才能等が全く普通だという意味ですね。ということは、褒め言葉ではありませんね。

　「えっ、今まで十人並みと言われたら、喜んでにこにこしていたって？」きょうからは渋い顔で対応しましょうね。

　「ええっ、いい言葉だと思って『あなた、十人並みだから、自信を持っていいわよ』って使ってたんですか」──済んだこ

とは忘れましょう。

　引き出しをふやし中身を充実すること、思い違い・言い違い・聞き違いをなくしていくことが大事です。

ミニナル

　「実になる」は、樹木に花が咲き果実などがなる意味で、「身になる」は体や心のためになり、人の役に立つ意味です。和歌ではその人のことを心から思う意味を草木の実にかけて表現します。

　そういえば、江戸城を築いた太田道灌にはこんな逸話がありましたね。若い頃、遠出をしたときに突然のにわか雨に遭い、農家で蓑を借りようとした。すると、娘が出てきて山吹の花を差し出した。訳も分からず腹立たしく思ったんですが、後にこれは「七重八重花は咲けども山吹の実の一つだになきぞ悲しき」の歌に掛けて、山間の茅葺きの家で貧しく、蓑（実の）ひとつ持ち合わせがないことを奥ゆかしく答えたということが分かりました。この歌を知らなかったのを恥ずかしく思い、それ以後歌道に励み、歌人としても名高くなったということです。ちなみに、落語にもこの故事をもとにした「道灌」という演目があります。

アシ・ヨシ

　「アシ（芦・蘆・葦・葭）」は「悪し」に通じるということから「ヨシ」と読んで「良し」→「吉（ヨシ）」と書いたりしました。そんなことで江戸のヨシの原っぱにできた「葭原（ヨシハラ）」も「吉原（ヨシハラ）」と書かれるようになりました。

オワコン

　一時は栄えていたが、もう終わってしまったコンテンツのことをいいましたが、そのうちだんだんと「オワコン」という言葉自体がオワコンであると言われるようになったそうです。

（5）言い間違い

　「おざなり」と言おうとして、「なおざり」と言ったという話があります。よく似た言葉がつい口をついて出てしまったということですね。小話にもこんなものがありますね。

　　～　～　～　～　～

　「隣の空き地に囲いができた」

　「へーえ」

　なれないと、先に答を言ってしまうことがあるそうです。

　「隣の空き地にへえができた」

　「？　……かっこいい」

　何とか落ちができました。

　人は自分の知識から物事を判断します。誰でも一緒ですが、大人なら、相手や周辺の人の考え、状況なども考慮と、総合的に判断する知恵が必要になってきます。ですから、大人になっても自分の持っている知識だけで判断する人は、ひとりよがりに思われ、信頼を失い、一人前の人間に認められにくい場合があります。

（6）オイエ（ヲイヘ）騒動

　助詞・助動詞・補助動詞の聞こえ方についてです。助詞の

「を・へ」は消えることがあり、間違うとヲイエ騒動になります。

　トカゲの尻尾（シッポ）切りじゃないですが、助詞「を」が消えることがあります。特にその助詞の接続する言葉の最終音がオ列やウ列の場合、その音に取り込まれることがあります。前音が長音化して「〇〇」と聞こえる場合や、長音化したものがさらに短音となる場合などです。逆に短音が長音化して聞こえたりする場合もあるから要注意です。

　例えば「学校卒業する」とか「学校を卒業をする」とか、どちらか明確に分からないときは「学校を卒業する」というのが一般的でしょうね。

「旅行をする」←→「旅行する」

「稽古をする」←→「稽古する」

等（トウ）←→とを

「時間と費用と」←→「時間と費用とを」←→「時間と費用等」

　これは三角関係とでもいうか、切りようが難しく、どうとでも聞こえる場合があり、話者や場面を思い浮かべ、同時に文脈を考えながら適切な文章に仕上げます。

「イ」がいるのか、いないのか

　助詞「て」の後の補助動詞「いる」の「い」も見え隠れするものの一つです。

　「考えています」なども「考えてます」と聞こえます。

　これは実際に「い」が発音されていることもあれば、もともと抜け落ちていることもあります。正式な会議であれば「い」をつけて書きますが、ざっくばらんな座談会であれば、発言者の癖として、そのまま抜いて書くことも多いものです。

なお、「て」はエ列の音なのに、イ列音の「い」が影響されるのはなぜかと思われるかもしれませんが、5母音のうちで「イ」と「エ」の音が近いので、混同しやすいと言われます。漢字の音読みでも「経営」という漢字熟語の読みは「ケイエイ」ですが、実際には「ケーエー」と発音している場合がほとんどですね。

　また、「オ」と「ウ」の音も混同しやすく、「相当」も熟語の読みは「ソウトウ」ですが、「ソートー」と発音する人がほとんどですね。また、そう聞こえてしまうものです。

　さらには、「任務を怠る」が「任務怠る」とも聞こえるように、助詞と次の語の初音が同じ発音であれば、その音に取り込まれることもあります。

「へ（エ）」が抜ける

　ところで、ひしゃくなどの柄（エ）も抜けることがありますが、助詞の「へ」もまた抜ける可能性があります。

　「三重へ行く」←→「三重行く」のように前音に影響されることがあります。

（7）世界語になった日本語

　「サケ（酒）、キモノ（着物）、ゲイシャ（芸者）、カブキ（歌舞伎）、ウキヨエ（浮世絵）、ジュウドウ（柔道）などが昔からよく言われていますが、スシ、ワサビ、サシミ、スキヤキ、シイタケ、カラオケ、アニメ、マンガ、オリガミ、ボンサイ（盆栽）、イケバナ（生け花）、ハイク（俳句）、コイ（鯉）、スードク（数独……ナンバープレイス）、オタク……」などた

くさんありますね。「トーフ」などは中国語から日本語になって、さらに世界語になったと言われています。そして、忘れてはならないのが「ツナミ（津波）」ですね。

「モッタイナイ」もそうです。アフリカのケニア出身の環境保護活動家であるワンガリ・マータイさんは、環境分野で初めてノーベル平和賞（2004年）を受賞した人物でもあるのですが、環境保護方面のスローガンに使い出したということもあって、ケニアから世界に発信していきました。

∞　　∞　　∞　　付言遊譚　　∞　　∞　　∞　　∞

露地・路地

「露地」は、雨露がじかに当たる場所で「イチゴの露地栽培」のように使われます。これに対して「路地」は建物の間の狭い通路です。茶道では、茶室に至る庭として露地が一般的ですが、まれに路地ということもあるようです。

作物は（サクモツ・サクブツ）

農作物は一般的には「ノウサクブツ」ですが、「ノウサクモツ」と読むこともあります。作物は「サクモツ」です。特に芸術作品等では「サクブツ」と読みます。「穀物・供物・禁物」などは「モツ」と読みます。

「悪（アク・オ）」

「悪」は「アク」と読む場合が多いんですが、「オ」と読む場合もあります。「憎悪」は「ゾウオ」、「悪寒」は「オカン」、「嫌悪」は「ケンオ」、「好悪」は「コウオ」です。これをコウアクとかケンアクとは言いません。もっとも、「険悪」は「ケ

ンアク」です。

彼岸（ひがん）と此岸（しがん）

　三途の川……此岸（現世）と彼岸（あの世）を分ける境目に
あるとされる川。一般的に仏教用語の一つと思われていますが、
実際は仏教に民間信仰が混ざって生まれた言葉と言えるでしょ
う。彼岸の頃に咲く曼珠沙華（マンジュシャゲ）のことを彼岸
花と言いますが、此岸花というのもあるでしょうか。

　その三途の川の渡し賃は6文と言われます。昔は貨幣を直接
使っていましたが、今では六文銭を書いた紙が使用されるよう
になりました。死者は遺族に用意してもらった紙製の冥銭を米
や塩とともに小さな布袋に入れ、懐に入れた状態にして棺に入
れられます。これは現世である俗世界から、仏（欲望や煩悩の
ない存在）になる死後世界へと移行する通過儀礼的な意味合い
を持っているとされます。

7　間違いから認知へ

〜　間違いに始まり後で認知する　〜

（1）全然……肯定・否定

　従来、「全然」は否定の形で使われるのが一般的とされ、「全
然やさしい」はおかしいと言われてきましたが、そうでもない
ようです。明治・大正時代には、文豪たちの間では肯定の形で
も使われていたようです。

（2）「ら抜き言葉」って？

　「食べることができる」を短く言うと何でしょう。「食べら

れる」です。「食べれる」は「ら抜き言葉」として非難されます。「見ることができる」の「見れる」も「ら抜き言葉」で、「見られる」が正しいと言われます。

　「ら抜き言葉」を非難する人は、それが「文法的に誤っている」と言います。学者はどうやって文法を決めたかというと、人々がしゃべり、書いている言葉を収集し、法則性を見出してまとめ上げます。変わる言葉を文法が監視するのではなく、変われば文法がそれに応じて変わるのです。しゃべるのは一般の人々です。といっても、好き勝手に変えられません。相手が聞いたり読んだりして分からなければ意味がありません。

　助動詞「られる」には受け身、自発、尊敬、可能と４つの意味があります。だから、どの意味になるのかを内容から判断します。例えば、

　「ドングリはリスに食べられた」は受け身、

　「山に行けばドングリが見られる」は自発、

　「先生はドングリを食べられた」は尊敬、

　「このドングリは食べられる」は可能の意味があります。

　一方、「ら抜き言葉」は可能の意味にだけ使われます。そうなると、将来的に「られる」から可能の意味がなくなるかもしれません。

　「ら抜き言葉」は、既に通用し、助動詞「られる」のあいまいさを補う働きがあり、歴史的に利用してきた実績もあります。一般的に会話は、より簡単な表現に進む傾向があり、可能の「……られる」が「……れる」に移っていくのは自然な流れと言えるのかもしれません。

（3）〜みたく　〜なく→〜んく

〜みたく

　「みたいに」というべきところを形容詞的に活用したものと言えます。東北・北関東では昔からある言葉で、それが東京に入り関東地方に広まった新方言、若者語とも言えるでしょうか。1979年のピンク・レディーの「DO YOUR BEST」に、「イエス・キリストみたく優しく」があります。

〜なく（naku）→〜んく（nku）

　西日本に多い否定の助動詞「ん」の過去表現は本来「〜なんだ」ですが、「ん」と「〜なかった」が交じって「〜んかった」という形になり、「〜なんだ」に取って代わりつつあります。

　それと同様に「ない」の連体形「なく」と否定の助動詞「ん」を混合させた「んく」という新方言とも言うべきものが広まりつつあります。もともとの表現「分からなくなった」が「分からんくなった」となります。

（4）国語に関する世論調査

　2023年9月に発表された文化庁の調査結果です。ＳＮＳ（ネット交流サービス）の普及により、インターネット上で使われる言葉が、日常会話の場面でも広まってきました。既存の言葉に新たな意味が加わったものです。

　自分が気に入って人や物を応援する「推し」、よりよく見せようとする「盛る」、冗談などがつまらない「寒い」、異様だと感じてあきれる「引く」、どうしようもなくなった「詰んだ」

などを使うことが別に気にならないというものです。

　一方、慣用句や言葉の意味では、「忸怩（ジクジ）たる思い」は本来の恥じ入るような思いよりも残念でもどかしい思いへと、また「涼しい顔をする」が本来の関係があるのに知らんぷりをするより、大変な状況でも平気そうにすると捉える人が多くなりました。

8　漢字の使い分けに気づく

　ただ何となく読んでいるだけでは気づけません。そう、キツツキのようにあちらこちらと木をつつき回ってやっと目標に気づくものです。こちらから探っていく態度が身につかなければ、なかなか見つかりません。

　それには、一般常識を初めあらゆる知識、日本語の性質・構造、表現者の言わんとするところを察する力等々、人間の知能・知恵を磨き、個人の能力を増すことに尽きます。言語生活を営み続けることによってその力が増していきます。

　　∞　　∞　　∞　　　付言遊譚　　∞　　∞　　∞　　∞
ワークシェアリング、ルームシェア
　１人当たりの労働時間（仕事量）を減らすことで、社会全体の仕事の総量を分配し直し、より多くの労働者で仕事を分かち合うというのがワークシェアリングです。
　さらに、ルームシェアでは、各部屋を各居住者のプライベートルームとし、台所や茶の間などは共有スペースとして利用する形態です。同居人を通常ルームメイトと呼びます。主に住居

103

費の節約、安全上のためですが、異文化交流、語学学習を目的
とするものもあります。

○誌・○紙

　雑誌など一般的に綴じた冊子は「誌」、新聞のようにペー
パーを重ねてあるだけなら「紙」と言えますが、新聞でも大部
なものは綴じてある場合もあります。また、その形態にかかわ
らず制作者が「○誌」あるいは「○紙」とうたっていれば、固
有名詞としてその呼称を採用することになります。小グループ
の「会誌」や「ミニコミ誌」などは要注意です。

週刊←→週間

　1週間ごとに編集・発行することを「週刊」といいますが、
これも「週間」と書いてしまいやすいものです。また、毎週発
行するのは「週刊誌」が一般的ですが、「週刊紙」もないこと
はありません。

　春夏秋冬を四季といいますが、1年に4回発行する「季刊
誌」もうっかりすると「季間誌」と書きかねません。また、1
カ月ごとの「月刊誌」も、「月間誌」と書いてしまいそうです。
「季刊誌」は「機関誌」とも混同しやすく、これも「期間誌」
と間違われることがあります。

第 3 章

機械化・電子化・外部委託

1 絶えず技術革新？

コンピューターは、その根本の働きを制御するOS、さらにいろいろなアプリケーションがあってこそ成り立ちます。それらを設計するのは人間です。ですから、その設計に込められるのは、設計者たる人間の気がついたものだけです。ふだん、私たちが無意識のうちに問題解決の判断材料としているさまざまな事象を全て取り込んでいけるものでもありません。最終的な仕上げをするのは、人間以外の何者でもありません。

現在、開発・進化途上のAIはいずれ収まるべきところに収まっていくのでしょうが、いまだ不確実な状況でもあります。

（1）活字信仰

肉筆というのは、美しい文字が書ければいいんですが、なかなか難しいもので、各個人さまざまです。特に現代のようにパソコンによる文書作成が一般的になると、手で書く機会が少なくなり、ますます字は乱れていきます。きれいな文字を書ける人は少なくなり、特殊技能者になぞらえられる時代になっています。

そんなこともあって、どうしても乱雑な肉筆で書かれたものより、かっちりとして見た目のいい活字に信頼を置いてしまいます。活字といっても、現代においては実際に活字が使われることがほとんどなくなったので、活字タイプの定型文字といったほうがいいかもしれません。明朝体、ゴチック体などに代表される、統一してデザインされた定型の文字でつづられた文書は、手書きの原稿と違って、完成した正式な書類とみなされ、

より確実なものとして評価されることが多いものです。

（2）機械の過信
　　パソコン・ワープロの限界
　1978年に日本語ワードプロセッサーが発表され、その後どんどん普及し、猫も杓子もワープロを使うようになりました。現在はパソコンにアプリケーションソフトとしてワープロをインストールする時代になりましたが、当初はワープロ専用機が大はやりでした。
　ただ、その頃はメモリーが余り大きくなかったので、辞書の容量も制限されました。最初は名詞、動詞などの基本的な言葉、漢字を1字ずつ呼び出すことから始まり、二字熟語へ、次いで助詞も含められるようになりました。そんな調子で相当な期間がたっても四字熟語が一度で的確に呼び出せず、二字熟語の組み合わせとして呼び出していくという時代が結構長かったものです。全文一括変換という機能などなかった時代です。
　ちょうどその頃、「渾然一体」という言葉を呼び出す必要があり、「コンゼンイッタイ」と入力し、変換キーを押しました。
　すると、出ました。出たことは出たのですが、よく見ると「婚前一体」でした。ふと考え込んでしまいました。何とまあ、今の時代の風潮をよく表した四字熟語かなと、その場に居合わせた人たちは、そのワープロに敬意を表したものでした。
　また、「アイクルシイ」と打つと「愛苦しい」と出るワープロがありましたが、この場合の「○○くるしい」は「○○」が「苦しい」という意味でなく、「○○」の意を強める接辞ですか

ら、ひらがなのほうが正しいわけです。もっとも、コンピューターも進化してきているので、ひょっとすると機械自身が愛で苦しんでいたのかもしれませんが……。コンピューターも、しょせんは人間がつくった機械です。人間がうまく能力を仕込み、うまく使いこなしてやることで初めてその能力が発揮できるということでしょうね。

　ところで、ワープロ出現以前に和文タイプライターというものがありました。機械的にケースから活字を取り出し、用紙にインクリボン越しに打ちつけます。正式な書類を清書するためになくてはならないものでした。それが、プリンターのドット数が多くなり細やかになるにつれ、正式書類として採用されるようになり、和文タイプライターはワープロに入れ替わっていきました。

（3）音声認識はどこまで進むか？
　音声認識による記録作成技術は、現在相当に進んでいます。音声そのものを正確にとらえる機能はどんどん進化しています。しかし、それを言葉として認識する機能はまた別物です。例えば議会で言えば、本会議の質疑応答のように、あらかじめ練り上げられた明確な文章なら相当確実にとらえます。ところが、委員会などのように事前に用意されていないやり取りは、くだけた文章になりやすく、また簡略化された不完全な文章での質疑応答も多くなります。そうすると、コンピューターにとっては想定外の文章になりますので、受け付けないことがあります。
　一方、人間はたとえ想定外のものでも想像力、さらには創造

力で補って文章を完成させていくことができます。要するにコンピューターによる認識は、あくまで人間が設定したものです。その設定に合わないものは受け付けないわけです。そこで、最終的には人間がチェックすることが決め手になり、より完全なものに近づけることができるというわけです。

（４）インターネット検索の信頼性
　〜　検索は玉石混淆みそくそ一緒　〜
　インターネット検索なり、あるいは辞書なり書物なりを利用して、内容を深く掘り下げてみましょう。そのとき気をつけなければならないのはインターネット検索です。１つの回答が得られたといって安心してはいけません。検索にかかるのは、コンピューター内のあらゆる場所のものです。学術書のデータから個人のブログのようなものまでアトランダムに引っ張ってきますから、用語・事象の検索は必ず複数回する必要があります。
　まず、目的の言葉を入力してずらっと並んだ検索結果をながめます。それで済む場合もありますが、まだ危ないですね。詳しく調べるにはさらに選んでいきます。まず、１つのコーナーをじっくり読んでいきます。なるほどとすぐに納得してはいけません。権威あるＨＰもあれば、個人が思いつきで書きなぐっているブログや掲示板、ＨＰまで様々です。「孫引き」の場合もあります。
　「孫引き」というのは、まず原作というものがありますね。そのオリジナルの作品を引っ張ってくるのが引用ですね。その一次引用したものを引用するのが二次引用、つまり孫引きとい

うことになります。この場合、オリジナルのものを確認していないということで、一次引用した段階での正確性が疑われるわけです。伝言ゲームが成り立つゆえんの一つでもあります。

「伝言ゲーム、伝達ゲーム」って知ってますね。チームを分けて、同じ言葉を順々に伝えていき、最後の人の聞き取った言葉で確かめるものでしたね。間違って伝わることが多いものです。まれに途中で間違って、終わりの頃にまた正解に戻るという不思議なこともありました。

つまり、調査研究をし尽くした完璧なデータもあれば、たまたまそのときにおぼろげに思いついて書き込んだ日記のようなものまで、データの出どころは様々です。ですから、1つの例だけで信じてはいけません。2つ、3つと複数の回答を見比べた上で判断する癖をつけないと、往々にして間違った解釈を信じてしまうことになりかねません。

∞　　∞　　∞　　付言遊譚　　∞　　∞　　∞　　∞

意味の重なり

こういうこともよくやります。

「馬から落ちて落馬する」、「テーピングを巻いて」

類をもって

類をもって集まるとは、似た者同士は互いに寄り集まることのたとえで、善人のところに善人が集まり、悪人のところに悪人が集まるといいますね。また、「類は類を呼ぶ」と使う人がよくいますが、本当は「類は友を呼ぶ」です。

110

いいかげん←→いい加減

　加減がいいという意味の場合は「いい加減」、ちゃらんぽらんの意味なら「いいかげん」と書き分けると正確な意味が伝わります。大阪では「ええかげん←→ええ加減」ですかね。

ヒコウグモ

　「飛行雲」と「飛行グモ（蜘蛛）」です。前者は飛行機の排気、後者は虫のクモがみずから糸を長く出し、風になびいて遠隔地まで飛んでいくものです。

2 発言記録の外部委託

　　～　委託して安物買いの銭失い　～

（1）仕事の実態

　テープからＩＣなどへと録音機器が簡便なものになるにつれ、会議や講演等が録音される機会は多くなり、さらにそれを文書にする要求もふえ、録音や現場速記等で行われる記録作成の仕事自体はかえって増加しているようです。

　私自身、これまで地方議会や民間速記事務所等に所属して数十年、速記者として過ごしました。その仕事の形態を少し述べさせていただきます。

　原則として速記符号を駆使するわけですが、もちろん録音も利用しますし、ワープロ入力やパソコン活用による会議録検索、音声入力等、いろいろ出てくる新たな機器を利用しつつ、より正確な記録作成に携わってまいりました。そして、その後もフリー速記士として、地方議会や民間速記会社などの委託仕事等も受けてきました。

しかしながら、最近になって一般の人々からは、音声入力や録音の文字起こしなどのやり方で、誰もが記録づくりできるようになったと思われ、速記者は必要なくなったように言われ出しました。しかし、実態はそうでもありません。

　速記者の仕事は、特殊な速記符号を使って発話を書き取るだけのものではなく、むしろそれを利用して、文字による記録文書として定着させるほうに重きが置かれるものです。音声認識による記録は誤訳等が多く、そのままでは記録文書としては体を成さず、仕上げには必ず記録づくりの訓練を重ねた速記者等の人間の頭脳を必要としています。

　また、国会や地方議会、裁判所等では速記者が減っていますが、この大きな理由として、経費節減のために録音物の外部委託を進め、内部の人員削減・配置転換等をしたことが挙げられます。

　同様の理由で衆議院・参議院の各速記者養成所や裁判所の速記官養成が休止されたため、一般の方々に速記の必要がなくなったと誤解され、速記学校も減少してしまいました。また、昼間の専門学校でも数年かかる速記者養成は、それに耐えられる人間が少なくなったということもあります。

　ところが、さきに述べたように、現在は仕事がふえていますから、速記者が不足している状況にあります。と同時に、官公庁での入札による低価格での委託が進み、記録作成の知識を持たない者の参入による品質低下が問題となっています。

　そこで、日本速記協会ではそういう議事録作成のノウハウ面の充実にも力を入れ、「会議録作成講座」を開講し、正確・適

切な記録作成に資するように努めています。

　なお、御参考までに申し上げておきますが、会議内容の「音声保存」は、法的証拠力のある議事の文書記録とはまた別の存在であり、正式な会議録原本に代わるものではありません。

（２）議事記録作成業者の実態
　～　品質は入札数字で表せず　～
　品質を担保するには確かな聞き取りと表現の力が必要です。そのあたりの目に見えない整文・推敲作業の出来栄えによっては、できた文書を読む側の一般の人には理解しにくいことになります。そのあたりの作業の実態が分かりにくいため、文字起こし、録音起こし、テープ起こしとか、あるいは録音速記とかテープライトとかいうようなものを含め、単に音が聞こえれば、誰でもできる仕事と誤解されるようになっているわけです。

　これは他人の話を聞き取って文書に仕上げるわけですが、一口に聞き取りと言っても、人の声が聞こえれば直ちに書き取れるというものでもありません。その聞こえた話を理解し、そしゃく（咀嚼）して初めて文字化できるものです。

　また、おおよそ話の内容が分かったとしても、それだけではよい記録はできません。専門用語や固有名詞など、後で調べなければ分からないものも多く、そういう裏づけ調査も含め、広い知識と経験を駆使してようやく出来上がるものです。

　ということは、ベテランから初心者まで、出来上がりにはピンからキリまでの大変な差が生じます。しかしながら、依頼者はそういう差ができることを余り御存じないので、録音さえあ

れば誰でも同じように仕事ができるものと思っています。

（3）外部委託の長所短所

〜　納期と優劣、巧遅拙速か？　〜

　巧遅は拙速にしかずとか申します。速記者不足や経費節減を口実に、官公庁などは外部委託を進めてきました。仕様書で期日や様式等を指定し、録音物を１時間につき幾らで仕上げるというようなことで入札させるわけです。

　ところが、仕上がりの質については、最近になっても適切な判断をする仕組みが確立していません。おまけに締め切り期日もどんどん早くなっています。

　ということは、全くの数字勝負ですから、粗悪品しかできない業者も高品質に仕上げる業者も同じ条件の入札になります。

　同じ条件となると、当然安く仕上がる業者——安易に下請に低料金で出し、戻ってきた粗打ちの一次原稿をほぼそのまま委託者に届けるシステムを確立した業者——そういうところが入札に際して一番有利な数字を入れることができます。

　つまり良心的に仕事をする業者はとても太刀打ちできません。仮に無理をして落札したとしても、必然的に赤字を出しながら仕事をする形になります。

　そうなれば、たとえまともであった業者も、あるいはその下請をする人も、生活に追われ、時間に追われ、泣く泣く良心を裏切ることになりかねず、場合によってはよい仕事を期待できにくくなります。

　つまり料金が低くなると、どうしてもそれに応じた仕事とな

り、全体的に成果物のレベルが低くなってきます。これは記録作成者としてあってはならないこととは言え、生活を守るためにはやむを得ない面もあるかもしれません。

　いや、むしろ社員や家族を全面的に支えなければならない専門家と、内職程度でも仕事があればいいという人と、同じ立ち位置で仕事を受けているということにも問題があると言えるのではないでしょうか。

　もちろん内職程度にしている人でも、すべて品質が悪いわけではありません。非常にいい仕事をされる人もいます。しかし、元請業者は、入札金額に応じて下請に出すわけです。提出期限もどんどん短縮されてきていますから、それらに応じてだんだんとやっつけ仕事になってくる人が出るというのはどうしようもないわけです。このような悪循環の連鎖を断ち切る必要があるわけですが、いろいろなしがらみもあってか、なかなかそれが進まないというのが現在の状況です。

（４）外部委託と内部仕上げのバランス
　～　職員コストも計算すれば　～
校正以前の問題
　そうして出来上がった成果物は、もちろんミスが多く、到底そのままでは公式記録として採用できるものではありません。

　そこで、その不十分な素材をまず録音と照合しなければなりません。これも従来は受託者側で十分な仕上げが出来上がっていたものですが、最近では委託者側でしなければならないケースが非常に多くなっているようです。

録音照合

　一口に録音された音声といってもいろいろな状態のものがあります。一般的に依頼する側は、音が入っていれば直ちに聞き取れて、すぐに照合ができると思われていますが、そんな簡単なものではありません。たとえはっきり聞こえているように思えても、発言者にはそれぞれ個性があります。小さな声は肝心なところが聞こえにくいことが多く、大きな声は歪んでかえって不明瞭な場合も多いものです。

　会議の種類によっては、地元の人しか分かりにくい、くだけた物言いをすることもあります。わざと早くしゃべったり語尾をぼかしたりして、言質（ゲンチ）をとられにくくする人もいます。

　また、ある程度作業を経験した人ならお分かりだと思いますが、聞き取りになれている人でも、何回聞き直しても分からないときや、聞くたびに違う言葉に思えるときもあります。

　ましてや、聞き取りになれていない人の場合は、たとえ自分の専門分野でも正確に聞き取ることは難しいものです。言い間違ったり、思い込みで誤った内容をしゃべっていることもあります。

　さらには、原稿が既に聞き間違えて起こされていれば、それに影響されてさらに混乱することすらあります。精神を集中して何回も何回も聞き直さなければなりません。

一次校正

　そうして仕上がってきた原稿については、2人でもそれぞれ1回、合計2回の通読は必要でしょう。

これは個人個人の持っている知識・経験が異なるので、文章を見る癖というか、間違いを見つけるにもそれぞれ得意不得意の分野があるからです。人を替える、つまり目を替えることで正確度をより高めるわけです。

それだけで会議時間の２倍、さらに確かめ・調査、業者との連絡調整等々が入ると３倍以上の時間が費やされます。

二次校正

そして、業者に訂正を指示した原稿が戻ってきたら、今度は一次校正でチェックしたところの点検をしなければなりません。これが意外に手間取ります。指示したところ全てが正しく直ってくるとは限らないわけです。そのチェックした分量が多ければ、どうしてもやり残しが出てきます。

さらに、全てのチェックが済んだら、仕上げの通読も必ずしなければなりません。一次校正で気がつかなかったところも出てきますし、往々にして間違った指示、校正をしていることさえあります。

三次、四次校正

これまた場合によっては二次校正で指摘したところが直っていなかったり、二次校正の段階で正しくなっていたところが納入当初の一次校正の状態に戻っていたりすることさえあります。なぜこんな間違いが生じるのでしょう。

業者によっては、下請と適切な連絡がとれていないため、あるいは内部でも適切な体制をつくり上げていないため、一次校正以前の原稿に二次校正を施すことがあるわけです。

あるいは、分量が多いために手分けして修正したものの、時

期がずれて戻ったものを集約する段階でのミスもあります。

　これらのあきれるほど無責任な行為は実際よくあることで、詰まるところ受託業者トップの仕事に取り組む姿勢の問題とも言えるでしょう。

専門性

　また、戻ってきた原稿を見る委託者側として、こういう校正・校閲作業に慣れない人がやれば非常に時間が長くかかります。

　数年で異動する公務員の場合、少し慣れてきた頃にはもう次の部署に移るケースが多く、担当者の半分はどうしても１～２年目の人になるわけです。普通の事務と違い、発言記録の作成のような専門性の高い仕事には、こういう体制は向かないわけです。

　まれに自信を持って校正をこなしている人も見かけますが、そういう能力のある人は、その時間を公務員としてなすべき本来の事務事業に振り向けるほうが効率的で、実際には税金の無駄遣いになるのではないでしょうか。

労働時間

　良心的な受託者――まともな業者は、その品質の差を何とか仕様書に表せないかと腐心しています。しかし、こればっかりは委託者側が認識しなければ始まりません。そして、それに応えられる受託者の意見を参考にしてつくり上げるという一種の共同作業が必要でしょう。

　ですから、１時間の録音物に対して、少なく見積もっても、校正以前の録音照合で２時間、一次校正で２時間、二次校正で

さらに1時間というように、粗雑な原稿であればあるほど、場合によれば5時間以上、委託者側で職員の貴重な労働時間がそれに充てられることになります。

　本来なら一次校正で、仕上げの通読をすればそれで済むはずです。そういうような良質の成果物が戻ってきた時代もあったわけですが、今の経理契約制度においては数字が全てです。一見公正に見えますが、品質を問わず、みそもくそも一緒という不公平な競争入札を強行した結果、不良品が納入されることが多くなってしまったということです。

人件費

　そうすると、質の悪い原稿が戻ってきた場合、それだけ内部職員の労働時間が費やされますから、ごく控え目、単純に計算しても、録音物1時間につき職員人件費の時間単価の3～5倍の経費が余分にかかっていると言えます。

　となると、せっかく低価格で委託できた、経費節減だと誇らしげに宣言したところで、内部で仕上げをしなければならない職員の人件費の時間単価を加えると、かえって経費が高くなっているケースが非常に多いわけです。経理契約の関係者の方なら一度計算してみてください。

　もっとも、一口に人件費と言っても、時間外労働や管理職手当などもありますし、あるいは福利厚生面等々毎月の所得に入ってないものもあるわけですから、表に出てくる数字だけでは単純に比較できません。実際にはそれ以上に費用がかかっているはずですから。

1円入札

　また、逆に本来何十万円もするものを、1円であろうが数千円であろうが、先の利益を見込めるのか、当座をしのぐためか、はたまた倒れる時期を延ばすだけの自転車操業か、採算を度外視した数字を業者が入れることがあります。

　それをまた公の機関が受け入れ、経理関係者の手柄のようにみなされるわけです。何のことはない、中小企業を倒産させ不景気をあおり立てているのは、親方日の丸——我が身に直接被害の及ばない公務員もしくは官の組織と言えるかもしれません。

　また、そういう官公庁におもねるともがらや、我が身のみの個人利益に狂奔する経営者も、その仲間も——同じ穴のムジナだとしか言いようがないわけです。

入札介入

　ある地方都市の話ですが、市長選挙で選挙事務所の借り上げに、ある無責任業者が便宜を図ったそうです。もちろん合法的に。

　選挙後、その市の当該業務の委託事務でその業者を外そうとした委託原課と経理部門の担当職員とにお達しが来たそうです。どこからか、ぐるりぐるりと回ってその部局のトップクラスから言われたそうです。

　「あの業者だけど、君らの言うことは分かるが、まあまあ入札にだけは加えてやってくれ」

　「……」

　入札に加われば、結果は数字だけが物を言う世界です。業務の質を問うシステムが確立していない以上、やはり同じような

無責任業者が落札するのが物の道理。泣くのは内部で校閲を担当する職員です。会議時間の何倍もの時間をかけて仕上げていかなければならないわけです。

トータル費用

さきにも書き込みましたが、出来の悪い原稿が戻ってくると、内部で何倍もの校閲時間が必要になります。その労働の時間単価を加えると、実際には入札価格に上乗せすることになり、トータルの費用は相当高くなると考えなければなりません。

ある経営コンサルタントの話では、民間会社で1人1時間当たりの経費を出すには、年収を1.5倍して2,000時間で割るといいそうです。これを労働の時間単価といいますが、この計算によると、民間の場合で年収500万円の人の時間単価は3,750円になります。公務員の場合はさらに高くつくと考えられ、仮に年収600万円とすれば4,500円ということになります。これに福利厚生の費用を加えればさらに高くなるのは当然のことです。

委託側経費

仮に1時間の記録に対して1万円以下の料金で仕事をさせた場合、出来具合によっては内部職員の校閲等に6時間以上かかるかもしれません。これが2万円を超える料金ならまともな業者に任せられ、仕上げもよくなり、内部職員の校閲は発言時間の倍の2時間もかからないでしょう。差し引き4時間の内部校閲時間の差があるとすれば、これに時間単価4,500円を掛けると1万8,000円になります。

結局1万円で委託すると、トータルで2万8,000円になると推計されますから、2万円で委託した場合より8,000円高くな

る勘定です。これが年間何百時間となると、数百万円の経費増となります。まさに「安物買いの銭失い」そのものと言えるのではないでしょうか。

　　∞　　∞　　∞　　　付言遊譚　　∞　　∞　　∞　　∞
気づく力で歌詞見れば……
　「百万本のバラ」という歌があります。
　　〜　〜　〜　〜　〜　〜　〜

　小さな家とキャンバス
　他には何もない
　貧しい絵かきが
　女優に恋をした
　大好きなあの人に
　バラの花をあげたい
　ある日街中の
　バラを買いました
　百万本のバラの花を
　あなたにあなたにあなたにあげる
　窓から窓から見える広場を
　真っ赤なバラでうめつくして
　　〜　〜　〜　〜　〜　〜　〜

　小さな家とキャンバスを全て売ってバラの花を買ったということですが、バラの花は比較的安いものでも200円ぐらいします。
　すると、100万本×200円＝2億円

「貧乏な絵描きが手に入れられる金額ではないじゃないか。それに、仮に手に入れたとすれば、バラをプレゼントして夢の世界に誘うだけよりも、もっと現実的かつ効果的な方法を講じることができるじゃないか」という、何とももはや夢のない話になってしまうわけです。この歌詞は、歌われる前に没になってしまいます。

　これは現実の世界の話です。ロマンのある物語ではいろんな場合が想定されて、夢の世界に入り込んでいくことで、楽しんでいるわけでしょうね。

読書百編　→　読書百遍

　百の書物を読むでなく、同じ書物を百回読むことで内容がだんだん深く分かるようになるということですね。知らない言葉は聞こえません。意味を正確に知ることで誤用は避けられます。もっとも、あるメーカーのワープロソフトでは「ドクショヒャッペン」と入力すると、何と「読書百編」と出てきましたがね。

エキチカ・エキナカ

　「駅近（エキチカ）」という言葉があります。「駅前（エキマエ）」より広範囲になります。「駅中（エキナカ）」という言葉も一般的になりました。

　「デパチカ」は、デパートの地下ですが、「エキチカ」は「駅近」のほうが一般的です。「デパオク（屋上）」、「デパナカ（中）」もありますね。

　そうそう「デバカメ」というのもありました。その昔、女湯のぞきでたまたま捕まった人が出歯の亀太郎さん。ところで、

デバの人をヤマザクラとも言いますな。な〜んでか！

　ソメイヨシノなどはまず花が咲き、散る頃に葉が生えてきますが、山桜はハナよりハが先に出るそうで、私も少しヤマザクラと言われることもありますな。

　ちなみに、ソメイヨシノは江戸時代に駒込の染井村の植木屋が品種改良したものです。最初は桜の名所の吉野山にちなんで吉野桜と呼んでいたそうですが、明治になって植物学者が染井吉野と命名しました。オオシマザクラとエドヒガンの品種がかけ合わされてできたと見られ、接ぎ木で増やしていくそうです。

ノンステップバス、ワンステップバス

　床を地面に近づけ、ステップを少なくして乗りやすくするバスも出てきました。最近は、車体まで斜めにして地面に近づける工夫をしたものもあります。これを「ノンストップ、ワンストップ」と解釈して、途中はほとんど止まらないバスだと思ってしまうお客さんもいたそうです。怪しいバスです。「アヤシイ」も「妖しい」意味のものもありますね。

用字例の扱い

　会社や役所・事業所等の依頼者がキャッチフレーズに使う場合は固有名詞と解釈し、用字例の枠外あるいは特例として扱わなければならないことは言うまでもありません。

第4章

誤記・誤用・誤聴例

1 誤りの原因

　それでは、この章では実際に見つかったいろいろな誤りを拝見いたしましょう。思いも及ばないたくさんの例があります。

　さて、どんなものが出たでしょう。主な原因として次のようなものが考えられます。

　①話の内容を理解していない

　②思い込み

　③常識の欠如

　④間違って覚えていた

　⑤聞こえにくい

　⑥早口で聞き取れない

　⑦発音が不明瞭

　⑧用字例上での間違い

　　依頼先によってさまざまな用字がある場合もあります。

　⑨話のまとめ過ぎ

　　自分の主観でまとめてしまうことがあります。

　もちろん全てが間違いではなく、場面によっては正しい場合もあります。しかし、これらの間違いの原因として挙げられる多くの場合として、次のようなものがあります。

（1）子音の間違い

　日本語は、仮名の五十音図でも分かるように母音（a・i・u・e・o）で列（段）を、子音（k・s・t・n……）で行を表しています。その中で母音は正確に聞き取れる場合が多いんですが、子音ははっきりしないことが多いものです。特に類

似子音は聞き取りにくいものです。しかも、それぞれに濁音、拗音なども絡んできます。

子音の類似

申請をさして　　　　→　申請を出して（子音 s－d）

この件　　　　　　　→　この点　　　（子音 k－t）

行政　　　　　　　　→　情勢　　　　（子音 g－z）

本年度　　　　　　　→　今年度　　　（子音 h－k）

出てくる段階　　　　→　出てくる残塊（子音 d－z）

子音の増減

予見　　　　　　　　→　所見　　　　（子音 y－sy）

適応　　　　　　　　→　適法　　　　（子音'－h）

講義　　　　　　　　→　行為　　　　（子音 g－'）

教員　　　　　　　　→　教委or教諭　（子音 in－i yu）

（2）母音の間違い

　母音が間違っているときは子音も不正確な場合が多いと言われます。日本語の母音は、発音するときの舌の位置や口の開き方で類似母音が隣り合って表されます。「a」と「u」と「i」を頂点とする三角形の「a」と「u」の中間に「o」、「a」と「i」の中間に「e」を置いた「母音三角形」というふうに表現されますが、隣り合った母音が類似音として紛れ、間違いにつながることがあります。

　この場合もそれぞれに濁音、拗音なども絡んできます。

母音の類似

a と o 　[ア・カ・サ・タ・ナ・ハ・マ・ヤ・ラ
　　　　　 オ・コ・ソ・ト・ノ・ホ・モ・ヨ・ロ]

a と e 　[ア・カ・サ・タ・ナ・ハ・マ・ラ
　　　　　 エ・ケ・セ・テ・ネ・ヘ・メ・レ]

e と i 　[エ・ケ・セ・テ・ネ・ヘ・メ・レ
　　　　　 イ・キ・シ・チ・ニ・ヒ・ミ・リ]

i と u 　[イ・キ・シ・チ・ニ・ヒ・ミ・リ
　　　　　 ウ・ク・ス・ツ・ヌ・フ・ム・ル]

u と o 　[ウ・ク・ス・ツ・ヌ・フ・ム・ユ・ル
　　　　　 オ・コ・ソ・ト・ノ・ホ・モ・ヨ・ロ]

o と e 　[オ・コ・ソ・ト・ノ・ホ・モ・ロ
　　　　　 エ・ケ・セ・テ・ネ・ヘ・メ・レ]

母音の増減

趣旨の徹底　　　　←→　　周知徹底（短音シュと長音シュー）

落ちる　　　　　　　→　　陥る（短音チと長音チー）

　（「オチイル」→「オチール」は結果的に長音とみなす。）

　以下、採取例では「●●　→　〇〇」は「〇〇」が正しく、「△△　←→　〇〇」はどちらも正しい場合がある例です。

（3）その他いろいろ知識の不足

　知らない外国語が聞き取れないように、知らない言葉は聞き取りにくいものです。自分の蓄えた語彙力から言葉を迎え入れなければなりません。

円が再高値	→	円が最高値（サイタカネ）
資格の習得	→	資格の修得

　「修得」は、学問・学業などを身につけることで、自ら学んで学問・技術などを理解して身につけます。

　「習得」は、習って身につけることで、技術、技能、知識から趣味まで、非常に幅広い分野に使われます。

全戸配付	→	全戸配布
机上配布	→	机上配付

　「配付」は資料などを配り渡すことですが、「配布」は広く一般に配ることです。

豊かさの影に	→	豊かさの陰に

　「影」は「姿」に置き換えられ、「陰」は目につかない暗い部分です。

〜　〜　〜　〜　〜　〜　〜

　そのほか、間違いの複合があります。解釈不能なものもあります。また、用字例上の間違いというものもあります。ほとんどの場合、前後の文章から内容を考えれば間違いと分かるものですが、残念ながらそれになかなか気づけなく、正しい言葉が思いつかないということですね。

（4）校正・校閲の重要性
　誤記・誤用は、見る人が替わると必ずといっていいほど見つかるもので、特に大量の記録文書を作成する場合は、同じ人が繰り返し見るより、人を替えて（目を替えて）見ることで、より正確になってくるようです。これは第2章でも申し上げまし

たように、校正・校閲は「後出しじゃんけん」みたいなものだと思っています。後で見た人が有利で、ミスを見つけて、自分が優秀だと勘違いする人もいますが、単に見る順番が代われば立場も変わるということでしょうね。

　それでは、いろいろな例を提示しますから、なぜこんな間違いが出たのかなと想像してみてください。想像しようがないかもしれませんよ。

　　～　～　～　～　～　～　～

電算による研修	→	電算による検収
資料は早くできない	→	資料は配付できない
今月中に管理をし	→	今月中に完了し
オートバイと万引き	→	オートバイ盗、万引き（短音・長音）
団塊	→	残塊（子音d－z）
解消	→	解除（長音－短音－濁音）
相方	→	双方（相方はアイカタです）
値段は決まって	→	メーカーは決まって
嘱託員	→	嘱託医
保母の加増	→	保母の数を
取り巻く行政	→	取り巻く情勢（子音g－z）
効果的に	→	包括的に
料金改定	→	条件改定
計画に搭載	→	計画に登載

（システム・車に搭載。新聞・戸籍・名簿に登載。組織を統裁）

一度問題になった	→	一応問題になった
特別料金の弊害	→	特別料金の部屋代

130

査定した計画　　　→　作成した計画

失敗なさる　　　　→　心配なさる

以上の問題　　　　→　医療の問題

セミナー講習を奨励し→　セミナー講師を招聘し

本町以外で　　　　→　本町議会で

　　〜　〜　〜　〜　〜　〜　〜

　ほとんどの場合、母音は合っていることが多いようです。ローマ字で表すとよく分かります。子音が消えている場合もあります。

住民各個の和紙　　　→　牛乳パックの紙

　（zyuumin kakkono wasi）→（gyuunyuu pakkuno kami）

加味をして（kamio site）→加入をして（kanyuuo site）

区画整理の収用　　　→　区画整理の手法

事務所は町立を借りる→　事務所は町有地を借りる

資金的に難しい　　　→　敷地的に難しい

土地計画事業　　　　→　土地区画整理事業

保有部　　　　　　　→　保有分

年金前金（マエキン）→　年金、見舞金（ミマイキン）

社会適用訓練　　　　→　社会適応訓練

　　〜　〜　〜　〜　〜　〜　〜

　発音は合っているんですが、

倉皇とした形　　　　→　草稿とした形

福祉の停滞かと　　　→　福祉の停滞化と

費用清算　　　　　　→　費用精算

決裁日　　　　　　　→　決済日

水周り	→	水回り
次の括弧に	→	次の（2）
ちない	→	地内（一定の区画をした土地の中）
保護士	→	保護司（「士・師・司」の使い分け）
ごみの原料	→	ごみの減量
この1図	→	この位置図
長短期所有土地	→	超短期所有土地
所用額	→	所要額

○○センターなどの工事、高度医療施設

　→　○○センターなどの高次・高度医療施設

〜　〜　〜　〜　〜　〜　〜

　発話が速くなると、次のようにも聞こえます。

最高品ができた	→	再更新ができた
100万円用意する	→	100万円要する
業者が折り合う	→	両者が折り合う
そのときの順も	→	そのときには十分
まじめに対応する	→	前向きに対応する
条例の中に廃止という	→	条例の中に排出という
鉄則	→	結束
関連ごみ	→	可燃ごみ
適正な金具	→	適正な価格
運動場が民家寄り側	→	運動場側、民家寄り側
公開監視	→	公害監視
市岡整形外科	→	胃腸科、整形外科
一体	→	実態

〜　〜　〜　〜　〜　〜　〜

　長音の短音化（早口の人が多くなりましたからね。）

諸物件	→	支障物件
テープを文書に起こす	→	テープを文章に起こす
補職される	→	奉職される

　〜　〜　〜　〜　〜　〜　〜

　相互に間違いやすいもの、全くの間違いとは言えないもの、適材適所というか、場面によって正しいこともあります。

庶務	←→	所務
要綱	←→	要項
原設（原設計）	←→	現説（現場説明）
遊水地	←→	遊水池
参入	←→	算入
採決	←→	裁決
整備	←→	整理

掲示する　←→　提示する　←→　展示する
　（kei　　　　　　　tei　　　　　　　ten）

　〜　〜　〜　〜　〜　〜　〜

　某放送局の解説員（政治部記者）の発言ですが、原稿を手元に読み上げる感じで、その原稿をもとにした字幕が出ていました。

　「足元を見透かされる」云々ですが、これは「足元を見る」あるいは「足をすくう」ではないでしょうか。「……を見透かす」の場合は、魂胆とか胸中とかに続くことが多いようです。

　ということは、原稿をつくった人、原稿を読んだ人、聞いて

入力した人、さらにそれをチェックした人と、少なくとも４人の人が関わっているわけですが、その誰ひとりとして気づく人がいなかったということになりますね。

　もう１つ、これも某放送局のニュースであった「ケンリュウされた五重塔」は、建立（コンリュウ）を「ケンリツ」ではないとは自覚していたが、もう一押しの語彙力が要ります。

　「重複（ジュウフク・チョウフク）」を「チュウフク」と発音する人がいました。これも「ジュウ」と「チョウ」の化学反応と言えるかもしれませんね。

　次のような説明のつけようのない間違いもあるんですよ。そういうふうに聞こえてしまったんですね。一度そういうふうに聞こえてしまうと、なかなか正しい言葉にたどりつけないものです。なぜこんな言葉になったんだろうか……。

形になって	→	宛先で
調査環境	→	競走環境
８番の施設のは	→	８番の設問は
言い足らん	→	煮詰め足らん
見て取る	→	抜けとる
バック	→	パブコメ
分科会委託	→	分割付託
大変な日	→	大変な危機
続いて	→	について
ちょうど申しました	→	冒頭申しました
技師計画	→	実施計画
雇用減少	→	こういうような現象

ため池の登記化　　→　ため池の老朽化

来週限りの意見　　→　代表者会議の意見

順に確認する　　　→　議員に確認する

　〜　〜　〜　〜　〜　〜　〜

　似た発音もありますが、話の内容から考えれば間違い以外の何ものでもないものです。

御存じのとおり　　→　前述のとおり

ペーパー精査　　　→　現場精査

以前に理由の中で　→　以前に議運の中で

縛りの多い委員会　→　事務量の多い委員会

　（規則が多かったんですかね。）

最終的に　　　　　→　最初のときに

最新は後で　　　　→　最終は後で

新規対象等　　　　→　新旧対照表

新聞のほうに数値　→　市民のほうに周知

がっくりと　　　　→　がくっと

　（似たような意味ですが、元の発言に合わせましょう。）

議会延長をする　　→　時間延長をする

事業が改正され　　→　自治法が改正され

任期になるけど　　→　任期の中で

互角な並びで　　　→　高額な鍋で

自主的かつ促進　　→　自主的活動の促進

根堀葉堀　　　　　→　根掘り葉掘り

　（お堀が草木の根や葉で埋まったんでしょうかね。）

パワーアップした話　→　泡食った話

〜 〜 〜 〜 〜 〜 〜

　以下は何となく似た発音と言えるでしょうか。しかし、前後の文章から察したら分かりそうな、というものもあります。

特別定例会　　　　　→　　９月定例会

言ってありました　　→　　１点ありました

一方の２ページ　　　→　　以降の２ページ

謝罪の大層だ　　　　→　　謝罪の対象だ

基本構造　　　　　　→　　基本構想

構成の精密機械　　　→　　高性能精密機械

国のこれをもとに　　→　　国の法令をもとに

係数参加　　　　　　→　　建設参加

本所とも協議して　　→　　本省とも協議して

実情　　　　　　　　→　　事実上

〜 〜 〜 〜 〜 〜 〜

　自分が納得すれば、それで満足して正解だと思ってしまうものです。しかし、議事録は発言者が自分の意志で言葉を選んでしゃべるものです。言わんとしている言葉を探らねばなりません。

勝手な話　　　　　　　→　　仮定の話

そういうものは　　　　→　　そういう文言（モンゴン）は

ちょっと疑問がある　　→　　ちょっと異論がある

１０分署　　　　　　　→　　事務分掌

内容が以上は　　　　　→　　内容、概要は

条例が取れました　　　→　　条例が通りました

面積状況　　　　　　　→　　免責条項

136

フリーになる	→	不利になる
賄賂を指示する	→	賄賂を収受する

（要求されたのかな。立場が逆ですね。）

御多聞に漏れず	→	御多分に漏れず
将来にわたり	→	生涯にわたり
繰り込まれる	→	送り込まれる
会の意見	→	仮の意見
議論	→	理論
別個に書く	→	別項に書く
対極的な話	→	大局的な話
人材の必要な原因	→	人材の必要な減員
何で悪いんや	→	何でもありや
標識	→	様式
加工上、	→	加工所を
被害	→	機材
一回、途中で	→	委員会途中で
受け取りの機械	→	受け取りの控え

〜 〜 〜 〜 〜 〜

　間違いだと分かるものはいいんですが、それで意味が通るものは、かえってたちが悪いと言えます。うっかり見過ごします。

日米韓の参加国	←→	日米韓の３カ国
五人逮捕（手柄）	←→	誤認逮捕（失態）
１２０人	←→	約２０人
１０４人	←→	１００余人

〜 〜 〜 〜 〜 〜

発言者の読み間違いというのも結構あります。それを察する
のも記録作成者の仕事です。

進捗（シンチョク　　×　　シンショウ）事業の進捗

等閑（ナオザリ　　×　　オザナリ）伝統をなおざりにする

等閑視（トウカンシ　　×　　ナオザリシ）等閑視された問題

老舗（シニセ　　×　　ロウホ）老舗の実力

固執（コシツ　　×　　コシュウ）伝統を固執する

円滑（エンカツ　　×　　エンコツ）円滑な進め方

反故（ホゴ　　×　　ハンコ）約束を反故にする

口伝（クデン　　×　　コウデン）口伝の技能

壊死（エシ　　×　　カイシ）傷口が壊死する

吹聴（フイチョウ　　×　　スイチョウ）出まかせを吹聴する

手綱（タヅナ　　×　　テヅナ）手綱を引き締める

必定（ヒツジョウ　　×　　ヒッテイ）失敗は必定

風情（フゼイ　　×　　フウジョウ）独特の風情がある

陶冶（トウヤ　　×　　トウジ　×　トウタ→淘汰）人格陶冶

会得（エトク　　×　　カイトク）技術を会得する

役務（エキム　　×　　ヤクム）役務をこなす

凡例（ハンレイ　　×　　ボンレイ）凡例を見る

払拭（フッショク　　×　　フッシキ）疑いを払拭する

進捗（シンチョク　　×　　シンショウ）事業の進捗

遂行（スイコウ　　×　　ツイコウ）役目を遂行する

建立（コンリュウ　　×　　ケンリツ）五重塔を建立する

脆弱（ゼイジャク　　×　　キジャク）脆弱な基盤

言質（ゲンチ　　×　　ゲンシツ）言質をとる

版図（ハント　　　　×　ハンズ）版図を広げる

造詣（ゾウケイ　　　×　ゾウシ）造詣が深い

有無（ウム　　　　　×　ユウム）有無を言わせず

晩生（オクテ　　　　×　バンセイ）育ちが晩生だ

殺生（セッショウ　　×　サッショウ→殺傷）無駄な殺生

破綻（ハタン　　　　×　ハジョウ）破綻を生じる

隘路（アイロ　　　　×　エキロ　）その問題の隘路

赤裸々（セキララ　　×　アカハダカ）赤裸々な告白

　〜　〜　〜　〜　〜　〜　〜

　余り使われなくなった（消えた）言葉というものもあります
が、御高齢の方は相変わらず使います。

荒物店（→ホームセンター、コンビニ等）

和文タイプ、英文タイプ、タイピスト

よろずや（万屋）、雑貨屋（→コンビニ等）

　〜　〜　〜　〜　〜　〜　〜

　発言者、話者の考えをなるべく正確に写し取るのが議事記録
者の役割です。記録者は発言者の知識等を丸々同じだけ持って
いるわけでないことをいつも意識しましょう。

　「やりますよ　masuyo　→　やりましょ　masyo」

　　（母音の脱落、「子音＋母音＝su」が「子音＝s」に）

　議事録は発言した個人を尊重するものです。できるだけ発言
者の言おうとした内容に沿った表現をしなければなりません。
それに合うものが標準用字例と言えるでしょう。

　それに反して自作文書は自分自身で仕上げるものですから、
その文書自体が独立したものとして自由な書き方を取り入れた

139

ものでもよいわけです。

　そもそもその言葉というものが定着するには、まず話し言葉が始まり、そこで使われる言葉や言い回しが長い期間のうちに書き言葉として徐々に採用されていくという過程を経て成り立っていることが多いそうです。

　　　〜　〜　〜　〜　〜　〜　〜

「速記」が死語に？

　この前、ＮＨＫのアナウンサーが、手を速く動かして字を書くことを「速記」と言ってました。「速記」という言葉は死語になったのかな。

　いっそのこと、「高速記録法」か「超音速記録法」、あるいは「〇倍速記法」の略と考えてはどうでしょうかね。

　　　〜　〜　〜　〜　〜　〜　〜

テレビの字幕で「担当の人が「変わる」ので……」

　人が交代する場合は「代わる」ですし、その人の性格が変化する場合は「変わる」でもいいでしょうが、何日付けで担当の人がとなると当然「代わる」になります。

代わる　←→　変わる　←→　替わる

　　　〜　〜　〜　〜　〜　〜　〜

　文章を書く人が本人の場合は、漢字を書き分けて原稿をつくったらよいわけで、何も心配ありません。しかし、話された言葉——発言記録作成では、大勢の人が手分けして記録したり、微妙な表現の場合もあるので、判定しにくいこともあります。

　　　〜　〜　〜　〜　〜　〜　〜

整文　　　　　　　←→　　修文

製作	←→	制作
市政方針	←→	施政方針

（国や都道府県や町村では心配ないんですが、市では市政の方針ということで出てきます。）

予断	←→	余談

　「予断」は、予測することといった意味で、「予断を許さない」は、この後の展開がどのようになるかが分からない、予測不能であるといった意味です。しばしば「予断」と、本題でない「余談」を間違う人がいます。

猶予	←→	有余

　執行猶予　　　　　執行まで１週間有余

　〜　〜　〜　〜　〜　〜　〜

　発言記録というものは、話者の発音に合わせるだけでは十分とは言えません。発話者が言わんとしたところを推察し理解した上で書き表します。そうすると、たとえ話者に言い間違いがあっても自然と分かるようになります。

　　〜　〜　〜　〜　〜　〜　〜

スマートフォン	←→	スマホ

（略すと「フォ」が「ホ」になるのは何でかな。）

プラットホーム、プラットフォーム	←→	ホーム
マスコミュニケーション	←→	マスコミ
取りつく暇もない	←→	取りつく島もない

土壌汚染（土壌が汚染されること）

汚染土壌（汚染された土壌のこと）

　　〜　〜　〜　〜　〜　〜　〜

どれか一つでもなるほどと思う項目があれば、それが気づきの力につながります。

所用額　　　　　　　→　　所要額

　所用のため　（用向き）

　所要の手続　（必要な）

　諸用があり　（様々な用事）

措置　　　　　　　←→　　処置

偽造悪業　　　　　　→　　為造悪業（イゾウアクゴウ）

　偽造（ギゾウ）する　　　為造悪業の恩

悪行雑言　　　　　　→　　悪口雑言（アッコウゾウゴン）

　悪行（アクギョウ）、悪業（アクギョウ・アクゴウ）

　　〜　〜　〜　〜　〜　〜　〜

　江戸時代まで四つ足は食べない食習慣があったそうです。そのため、言い換えることによって目立たぬようにして食べていたことがあるようです。

猪（イノシシ）　　　→　　山くじら

（クジラに似た味の山でとれるもの）

鹿　　　　　　　　　→　　紅葉

（奥山に紅葉踏みわけ鳴く鹿の声聞くときぞ秋は悲しき）

馬　　　　　　　　　→　　桜、蹴飛ばし

　吉原の桜が有名だったことと、大門をくぐる前に馬肉を食べて元気をつける習慣があったこととが合体してでき上がったそうです。馬力をつけるという言葉もここからできたと言われます。

　　〜　〜　〜　〜　〜　〜　〜

日本語の誤例というのは数限りなくあるので、この本では、こんな例もありますよという紹介しかできません。皆さんは自分自身でそれを深く掘り下げて、広い知識に変えていってください。

　　〜　〜　〜　〜　〜　〜　〜

強調　　　　　　　←→　協調
強力　　　　　　　←→　協力
早い　　　　　　　←→　速い
債券　　　　　　　←→　債権
物づくり　　　　　←→　事起こし
価格（物品の値段）←→　価額（全体の金銭的な価値）
実践　　　　　　　←→　実戦

　　〜　〜　〜　〜　〜　〜　〜

　あやふや、不明なことは「標準用字例」で調べましょう。
指令　←→　司令　←→　使令
「産む・生むの使い分け
「事・こと、物・者・もの」の使い分け

　　〜　〜　〜　〜　〜　〜　〜

　手も足もことわざ等によく使われます。
足を洗う、足を染める、足を引っ張る、足を突っ込む
手を洗う、手を染める、手が切れる、手が汚れる
事業化案　　　　　→　重要課題
そのうち　　　　　→　その後、
決めて　　　　　　→　入れて
（特に日程は入れておりませんが、）

各委員から、それぞれ→　各委員会それぞれ

全国理事会議長会　　→　全国市議会議長会

話は何年かして　　　→　話は何遍かして

　〜　〜　〜　〜　〜　〜　〜

　初歩的な間違いをなくすことで、ぐんとレベルアップします。初歩的な間違いは全体のレベルダウンへつながります。他の部分まで間違いが多くありそうに思われますからね。

　せっかく労力や時間をかけた論文や記録でも文章に誤りがあれば信頼性が失われます。

　〜　〜　〜　〜　〜　〜　〜

事業化案　　　　　　→　重要課題

（複数の課が関係する重要課題について統括する）

どうしてたんですか。→　どこが

（字数が全然違うんですが、）

と思いますが　　　　→　存じますが、

15時をもとに一般質問→　15時を目途に一般質問

決めて　　　　　　　→　入れて（6月の13日まで、その後、特に日程は入れていませんが、）

開始　　　　　　　　→　最終（4月13日付の役割分担表が最終というふうな形で）

各市区町別に印刷　　→　各旧町別

その常任委員会　　　→　総務常任委員会

各委員からそれぞれ　→　各委員会それぞれ

　〜　〜　〜　〜　〜　〜　〜

　満足してはだめ！

144

満足した時点で進化はとまります。新語・略語・外来語が多く、おまけに造語力の大きい漢字の国ですから、あらゆる場合を想定しないと間違いは減りません。

中ば　　　　　　　　→　半ば

と思いますが　　　　→　存じますが、

吟味をして　　　　　→　議員をして

各市区町別に印刷　　→　各旧町別に印刷

その常任委員会　　　→　総務常任委員会

　誰かが間違うということは、あなたも間違う可能性があるということです。たとえ同じ間違いはしなくても、似たようなケースは起こりますよ。

　　〜　〜　〜　〜　〜　〜　〜

重量制・従量制

従量税　重量税

　従量税（ジュウリョウゼイ）は、課税物件などの数量（重量や個数、面積、容積など）を課税標準とするもので、その中に自動車重量税などがある。

研究所を付設する

鉄道を敷設する（海底電線、航路標識、機雷）

水道を布設する

戦うと闘う

　仮名と漢字の書き分けの工夫のしどころ

「役どころと役所」

招来と将来

困難を招来している　困難の招来になる

困難な将来を　　　　困難な将来になる

漢語の前は「御」、和語や仮名書きの前は「お」

ご存知　　　　　　　→　御存じ

ご承知　　　　　　　→　御承知

ご答弁　　　　　　　→　御答弁

御知らせ　　　　　　→　お知らせ

ご乗車　お乗車　　　→　御乗車

ご使用　お使用　　　→　御使用

（バスや電車の放送で「お乗車の方」と言ってましたね。コンビニでは「お使用ください」という言葉が聞かれました。）

お　←→　ご　←→　御

（「ら抜き言葉」と同じく、認められる可能性があるかな。）

　　～　～　～　～　～　～　～

ふだんから努力をして（普段）　←→　不断の努力・優柔不断

思案　←→　試案　←→　私案　←→　市案

勤める　←→　務める　←→　努める

　会社に勤める（勤労）

　議長を務める（任務）

　完成に努める（努力）

改正　←→　改定　←→　改訂

約30　　　　　　　←→　130

（ヤク……約、ヒャク……100）

反面　　　　　　　←→　半面

製作	←→	制作
早く	←→	速く

速急（ソッキュウ）←→ 早急（サッキュウ・ソウキュウ）

進め ←→ 勧め ←→ 薦め

推し進め ←→ 押し進め

加重 ←→ 過重 ←→ 荷重

重量制 ←→ 従量制

　　〜　〜　〜　〜　〜　〜

　音声入力を効果的に使いこなしている会社は、ベテラン速記者もしくは同等以上の知識経験を有する者が仕上げに携わっていることが多いようです。

熟語の読み

　同じ漢字でも読みが違えば意味も違ってきます。

一番　……　イチバン・ヒトツガイ

一分　……　イチブ・イチブン・イップン

一目　……　ヒトメ・イチモク

一石　……　イッセキ・イッコク

人気　……　ヒトケ・ニンキ

筋肉　……　キンニク・スジニク

最中　……　モナカ・サイチュウ・サナカ

上手　……　ジョウズ・カミテ・ウワテ

下手　……　ヘタ・シモテ・シタテ

山陰　……　サンイン・ヤマカゲ

中間　……　チュウカン・チュウゲン

行方　……　ユクエ・ナメガタ（地名）

日向	……	ヒナタ・ヒュウガ（地名）
目下	……	メシタ・モッカ
面子	……	メンコ・メンツ
人事	……	ジンジ・ヒトゴト
生物	……	セイブツ・ナマモノ
心中	……	シンチュウ・シンジュウ
銀杏	……	ギンナン・イチョウ
色紙	……	シキシ・イロガミ
市場	……	イチバ・シジョウ
風車	……	フウシャ・カザグルマ
お札	……	オフダ・オサツ
大勢	……	オオゼイ・タイセイ
冷水	……	レイスイ・ヒヤミズ
変化	……	ヘンカ・ヘンゲ
造作	……	ゾウサ・ゾウサク
追従	……	ツイショウ・ツイジュウ
利益	……	リエキ・リヤク
末期	……	マッキ・マツゴ
大勢	……	オオゼイ・タイセイ

　大勢（オオゼイ）が集まる、大勢（タイセイ）は大体の形勢が決する。多勢（タゼイ）は多人数。多勢に無勢（ブゼイ）。

貸し借り

　「書籍をお借しいただきまして、誠にありがとうございます。社内のみんなで閲覧させていただいております。」

　メールで１か所、「お借し」となっていましたが、恐らく初

めに「お借り……」と打って、後で「お貸し……」と打ち直そうとしたのではないかと勝手に推測しております。

都市ショウカセン

都市消火栓　　　　　　→　都市小河川

　珍しく国会会議録の速報で見つけました。平野部にはないんですが、山を背後に控えた海沿いの都市にある小さな河川のことを都市小河川といいます。明くる日には直っていました。

とんぼ返り（×とんぼ帰り）

　トンボの飛び方から。目的地に行ってその途端くるりと方向を変えて帰ることからですが、滞在地への滞在時間が短かったり、とても早い速度で帰宅することなどに使われています。

チョウ（蝶）

　左右対称でその各端が広がっている形状を、蝶が羽を開いた姿に例えることもあります。蝶ねじ、蝶番、蝶ネクタイ、蝶結び、バタフライなどがあります。

　花札の絵柄の一つに「牡丹に蝶」があり、「萩に猪」「紅葉に鹿」と組み合わせると「猪鹿蝶」という役になります。

　日本語では、ハエ、ハチ、バッタ、トンボ、セミなど多くの虫の名称が大和言葉ですが、蝶と蛾に関しては漢語です。かつては、「かはひらこ、ひひる、ひむし」と呼ばれましたが、現在では一般的ではありません。漢字の蝶は虫へんです。木の葉のような薄い羽を持つ虫という意味が込められています。

蝶番（チョウツガイ）

　開き戸などの建具を支え開閉できるようにする部品です。丁番とも書き「チョウバン」とも呼ばれています。２か所でとめ

るので「蝶（チョウ）の番（ツガイ）」ですね。

大先生も間違う

読み間違いを聞き直す

介護保険は「カンゴホケン」でなく「カイゴホケン」です。どうしてか、「間違い（マチガイ）」まで「カンチガイ」と勘違いして発音する人もいます。

「為政者」を「ギセイシャ」と読む人がいました。「虚偽（キョギ）」、「偽造（ギゾウ）」の「偽」から連想したんでしょうが、もちろん「イセイシャ」ですね。偽り（イツワリ）の政治をされてはたくさんの犠牲者（ギセイシャ）が出かねません。人のため（為）にはなりません。

戸数（×トスウ）、雇用（×トヨウ）、破綻（×ハジョウ）

「破綻」を「ハジョウ」と読むようでは、防犯管理の方で破綻が起きて、錠前を破るほうの「破錠（ハジョウ）」が起きかねません。この読みは「ハタン」です。なお、インターネット検索等では、逆に「破綻」とすべきところを「破錠」となっているものがありました。関係者の日本語能力も確実に低下しています。

〜　〜　〜　〜　〜　〜　〜

金額　　　　　　　←→　　全額
採決　　　　　　　←→　　採択

これらは字形が似ている上に、使われる場面・場所も同じようなところで出ることがあるので、間違いやすいものです。

「七転八起（ナナコロビヤオキ）」を「シッテンバッキ」と言った人がいます。「七転八倒（シチテンバットウ・シッテン

バットウ）」に影響されたのでしょうか。

○○メシ

タテメシ（和食）、ヨコメシ（洋食）、チカメシ（近いうち）

ヨコメシは、横文字からの連想です。それで、和食がタテメシになったのでしょう。

また、ヨコメシは、横のつながり同士で食事をすること、タテメシは上司や部下など縦のつながりに使う場合もあるそうです。

のりしろ

先日、テレビのニュース番組で、ある企業の人が「売上ののりしろはある」と話していました。ネットの記事でも「売上ののりしろ」という文章がありました。

これは恐らく「伸び代（ノビシロ）」を間違って使っています。「のり代（ノリシロ）」は工作などで紙を貼り合わせるときの糊づけ部分です。

「伸び代」は今後、発展・成長していく可能性や見込みの意味があるので、売上を積み上げられるかどうかについて話す際は、「伸び代」を使うのが正しいわけです。

片意地・肩ひじ

「片意地を張る」とは、頑固になって自分の考えを曲げず、押し通そうとすることです。一方、「肩ひじを張る」とは、無理矢理に肩をそびやかし、ひじを上げて身構えるという気負った様子を指します。発音がよく似たケースです。

同音漢字の使い分け

採算性がとれない。　独立採算制で経営する。

151

制作	映画、絵画など芸術的なものや新聞や放送番組などを制作する。
製作	実用的な道具や機械を製作する。
調製	議事録などをつくり上げる。（製作）
調整	調子を整える。

反と半、全と前

反面と半面

　全と前は同じ場面で出てくるので気をつけましょう。

全面と前面　全部と前部　全文と前文

　誰かが間違ったということは、あなたも間違う可能性があるということです。たとえ同じ間違いはしなくても、似たようなケースは起こるものです。

（5）日本語の間口と奥行き

　説明を入れていく上でいろいろ無駄口や冗句も重ねてまいりましたが、日本語の間口も奥行きも、幾ら多くの人々が取り組んだとしても計り知れなく大きく広いものです。例を挙げていっても全く切りがありません。いろんな間違う可能性があるということを皆さんが頭に入れて、その上で一つ一つの文章——書類、記録、作品に向かっていただくことです。

　発言記録なら発言者の発音にこだわり過ぎず、聞き取り者は自分の日本語の知識から迎えていくようなつもりで接することが、意味の通った正確な文章に仕上げていく秘訣と言えるでしょう。

　もちろん自分で文章を書きつづる場合でも、その思い（想

い）を的確に表せるように、絶えず辞書やＰＣの検索機能等を活用するなどして、表現したい「おもい」の周辺知識も確かめながら、適切妥当にその「おもい」が伝わるように心がけてください。

　なお、念のためにつけ加えておきますが、この書は学問的論文ではありません。あくまでも実務実用の文字扱い、特に誤記・誤用に気づく力の重要性を認識していただくためのものです。読者の皆さんにその趣旨を酌み取っていただいて、文字書き作業のさらなる正確さを高める一助になればありがたいのですが……。

　　∞　　　∞　　　∞　　　付言遊譚　　∞　　　∞　　　∞　　　∞

狂歌

　江戸時代に政権をやゆ

世の中にかほどうるさきものはなし

　　　　　ぶんぶといふて夜も寝られず

　かほど……蚊ほど・これほど

　ぶんぶ……ブンブ（蚊の羽音）・文武（学問と武芸）

　　〜　〜　〜　〜　〜　〜　〜　〜

白河の清きに魚のすみかねて

　　　　　もとの濁りの田沼こひしき

　失脚した田沼意次の後を受け、松平定信が寛政の改革に挑んだが、厳し過ぎて一般市民が音（ネ）を上げたということです。

標語をねじる

贅沢は敵だ……贅沢は素敵だ

（戦時体制のスローガンを「素」1字で茶化した。）

稼ぐに追いつく貧乏なし……稼ぐに追いつく貧乏暇なし

（「貧乏暇なし」の「暇」1字で変化させた。）

腹は立てずに横に……腹を立てずに傘を立て

（傘を横にすると小さな子供の目の位置　危ない。）

字幕で

「それではない」　　→　「それはない」

（これでは、微妙なニュアンスが出てきません。）

「慎重なあり方」　　→　「心情のあり方」

（そのお話の内容にぴったりなのはどちらかな。）

第５章

ワープロソフトで効率化

～　辞書登録による高速入力　～

ソフトによって対応はさまざま

（文法応用、新語を登録するときの要領で……）

1 ワープロソフトの効果的な使い方

高速入力（早打ち）の極意

　新しい言葉が出てきたとき辞書に登録することがあります。そんなとき、登録の読みはどうしますか。普通は発音どおりにしますが、そうでなくてもいいんですよ。ほかの言葉と間違えないように、余り使われない音の連なりで登録したらいいんです。

　一般的に単語登録というものをどういうときに使うかといいますと、新しい社名や人名のように辞書に登録されていない漢字の連なる言葉を新しく登録する場合です。それに比べて仮名の言葉、例えば「なければならない」とか「したがいまして」というようなものを略語登録する発想はありません。

　ところが、速記者の場合は、そういうものまで登録するわけです。実務でよく出てくる言葉なら、簡略化した読みで登録すれば入力時間は当然短縮されます。当たり前のことなんです。これは速記の仕組みを利用している速記者にとってはごく自然なことです。日本語を熟知しているからこそ可能な、取って置きの便法というわけですね。

　例えば作成中の文書に固有名詞が幾度も出てくる場合でも、人名なら姓と名、それぞれでさっと出てくればいいんですが、1字ずつ呼び出さなければならないこともあります。何かいい

方法はないでしょうか。

　そんなときには、姓名を一まとめにして特定の読みで辞書登録すれば、キー入力するとワンタッチで目的の名前が出てきます。しかも、あらかじめ登録したものですから正確無比、間違うことはありません。

　例えば「吉永小百合」という名前なら、姓の２音と名の１音「ヨシサ」で登録します。「吉本新喜劇」なら「ヨシシ」でよいでしょう。ほとんどの場合、日本語の言葉としては余り出て来ない組み合わせになります。もし同じ組み合わせになったら、その次の１音と入れかえたりします。

　外来語なども「マスコミュニケーション」、「マスタープラン」などなら「マスコ」、「マスプ」と、３音もあれば十分な異なりが得られます。

２　略語登録例

　略語のつくり方の一例です。無理に使わなくてもいいんですよ。こんな方法もあるんだなと参考程度に御覧ください。

　なお、ワープロソフトの種類によっては、文法が組み込めるなど使える仕組みが違う場合があるので、これらの説明に当てはまらない場合もあります。それぞれ工夫しなければなりません。

（１）人名は最初の３音か、姓２音・名１音

織田信長	→	オダノ
豊臣秀吉	→	トヨト

157

徳川家康	→	トクガ
坂本龍馬	→	サカモ
坂本龍一	→	サカリ
坂本冬美	→	サカフ

（2）主な1音

私	→	ワ
あなた	→	ナ
について	→	ツ
において	→	オ

（3）適当な2音

我々	→	ワワ
なかなか	→	ナナ
こういう	→	コユ
そういう	→	ソユ
ああいう	→	アユ
どういう	→	ドユ
ものづくり	→	モヅ
こういった	→	コッ
そういった	→	ソッ
したがって、	→	シッ
したがいまして、	→	ジッ
彼女	→	カノ
いろいろ	→	ロロ

158

（４）漢字熟語は各漢字初音

　漢字の音読みの２音目は特定の音に限られています。「イ・ウ、ク・キ、ツ・チ、ッ・ン」の８音しかありませんから、容易に全体の言葉を推察できます。

経済	→	ケザ
目的	→	モテ
特別	→	トベ
学校	→	ガコ
国民	→	コミ
生活	→	セカ
計画	→	ケカ
都市計画	→	トケカ
積極的	→	セキテ
直接的	→	チセテ
高齢者	→	コレシ
前期高齢者	→	ゼコレ
後期高齢者	→	ココレ
区画整理	→	クセ
区画整理事業	→	クセジ

　これは訓読み熟語にも応用できます。

皆様	→	ミサ
先ほど	→	サド
若者	→	ワモ

（5）熟語の連続は各熟語初音

健康保険	→	ケホ
国民健康保険	→	コケホ
文部科学省	→	モカシ
研究学園都市	→	ケガト
予算特別委員会	→	ヨトイ

（6）複合熟語の連続なら適当に組み合わせる

市民生活	→	シセカ
生活保護	→	セカホ
利用計画	→	リケカ
総合計画	→	ソケカ
早稲田大学	→	ワダガ
慶応大学	→	ケダガ

（メーンの言葉を２音、その他を１音であらわす。）

（7）その他、混同しないように適当に抜き出す

非常に	→	ヒニ
非常な	→	ヒナ
考え	→	ン
思い	→	ヲ
という	→	ユ
働く	→	ハク
働き	→	ハキ
働きかけ	→	ハケ

160

昭和	→	シワ
平成	→	ヘセ
令和	→	レワ

（8）行政当局

理財局	→	リザキ
理財局長	→	リザチ
総務局	→	ソムキ
総務局長	→	ソムチ
水道局	→	スドキ
交通局	→	コツキ
民生局	→	ミセキ
消防局	→	シボキ
教育委員会	→	キイイ
選挙管理委員会	→	センカン
総務財政委員会	→	ソザイ
民生保健委員会	→	ミホイ

（9）都市名

札幌市	→	サホシ
東京都	→	トキト
横浜市	→	ヨハシ
川崎市	→	カサシ
名古屋市	→	ナゴシ
京都市	→	キトシ

大阪市	→	オサシ
神戸市	→	ベシ
広島市	→	ヒシシ
北九州市	→	キキシ
福岡市	→	フオシ

（10）長い外来語は最初の３音か主な３音

シミュレーション	→	シミュ
リハビリテーション	→	リハビ
スケジュール	→	スケジ
ハードスケジュール	→	ハスケ
エレベーター	→	エレベ
エスカレーター	→	エスカ

（11）否定は確実に

なければ	→	ナバ
なければならない	→	ナバイ
なければならなく	→	ナバク
なければならなかった	→	ナバタ
なければなりません	→	ナバヌ
なくては	→	ナハ
なくてはならない	→	ナハイ
なくてはならなく	→	ナハク
なくてはならなかった	→	ナハタ
なくてはなりません	→	ナハヌ

〜　〜　〜　〜　〜　〜　〜

　以上、ワープロソフト応用の略語登録の例ですが、あくまで
も見本です。ワープロの種類によって登録の仕方が違うので、
それぞれ工夫してください。

3 星に願いを

　ディズニーアニメの「ピノキオ」のテーマでしたか、「星に
願いを」という歌がありましたね。この歌のように世界の多く
の国々で、星に向かって願い事をするというお話があります。

　私たちも夜空を見ていると、ごくまれに流れ星を見ることが
あります。その輝いている間に、自分の願い事を３回唱えると
願いがかなうという言い習わしもありますね。しかし、なかな
かうまくいきません。

　というのは、流れ星が見えるタイミングというのはあらかじ
めわかっているものではありません。また、運よくそれが見え
たときでも、その流れ星が光っている時間は非常に短いもので
す。その短い間に願い事を３回も唱えるというのはまず無理な
話だというわけです。

　そこで、こんなことを考えた人がいるそうです。ワープロの
単語登録機能を使うことで、どんなに長い願い事であっても、
一瞬のうちに３回唱えられるんだそうです。さて、それはどう
いうことでしょうか。

　まず、願い事をワープロ文書として入力するんだそうです。
そして、それをコピーして同じ文章を３つつくります。

　次に、それをワープロ辞書に取り込みます。願い事をたっぷ

り詰め込んだ文章を3つ並べて、一気に辞書登録するわけですね。

　そして——ここが肝心なところですが、読みは「あっ」です。

　つまり「あっ」と入力して変換すると、一瞬のうちにずらずらずらと、登録してある願い事が3つ並んであらわれるんだそうです。

　さあ、もうおわかりでしょう。彼女は夜空に流れ星を見たときに「あっ」と声を出しました。すると、どうでしょう。目の前には登録された文章が立ちどころに3つ現れてきたというわけであります。

　そして、何と彼女の切なる願いは見事にかなったそうであります。おめでとうございます。

　　　　　　〜　〜　〜　〜　〜　〜

　さあ、この話を読んでユーモアを感じる人もいれば、くだらない余分なことを書いてという人もいるかもしれません。それは読む人のそのときの状況、考え方次第でしょうね。1つの言葉を1つの意味に限定せず、そこから派生するものを柔軟に取り入れながら思いをつないでいく、何事もそういう気持ちで取り組むことが語彙を豊かにしていくことにもつながっていくわけです。

第6章

みんなの倍速記

1 倍速記ってな〜に?

皆さんは、要約筆記にしろメモ・ノートにしろ、パソコン・スマホなどの機器を使わずに言葉を記録することはありますか?

日本では明治の文明開化時代以来、「速記」という技能があります。鉛筆やペンなどの筆記具と紙があれば、どこでも誰でも使えるものです。しゃべり言葉の速さは分速300〜360字だそうです。それに比べて手で書き取る速さは分速にしてせいぜい80〜90字程度です。それが「速記」を使えば、練習次第でおしゃべりの速度のものでも書き取れるようになるわけです。

そこまでいかなくても、まず数倍速(2〜3倍の速度)で記録することができれば、時間の短縮になります。書き表す時間が減らせればその時間を別の用に回せます。ということは、新たな時間が生み出せるわけです。発言を記録するとき、文章を書きつづるとき、あるいは思いついたことを書き留めるときでも、余裕を持って対処できるというわけですね。

なお、この「みんなの倍速記」は、一応中速度を目標としていますが、決して高速度が書けないわけではありません。この速記方式はV式といいますが、現にこのシステムを使って日本速記協会主催の高速度競技会(その年度のチャンピオンを決める)に出場し、何回も優勝された加古修一さんという人もおられます。

また、一定の速度に達するために学習すべき符号の少なさにも注目される方式で、その基本とエッセンスが示されています。

ですから、速記対訳シリーズ「坊っちゃん」など各種の教材

が含まれたＨＰ「速記春秋」http://steno.web.fc2.com/、市販のテキスト『みんなの速記入門Ｖ式』、『Ｖ式でらくらく合格速記入門』、『Ｖ式速記練習帳（北門達男著）』等も参考にして学習を進めると、さらに分かりやすくなるでしょう。

２ 日本語力をつける速記

　特に速記を練習すること、あるいは実際に実務等で使用するということは、言葉を聞き、書き取り、読み返し、表現する作業です。これは語彙力を初めとする日本語力をつける鍛練をしていると言えます。つまりいろんな分野の文書の校正・校閲作業を絶えず行っているとも言えます。

　また、このように言葉を扱うということはシニア世代にとって非常に効果的な頭脳のトレーニングになります。老化を防ぎ、いつまでも趣味に仕事に打ち込むことができると言われます。

　もちろん学習世代や若い人にとっては学びの基礎となる国語力、さらには語彙力や一般常識が自然と身につきます。

　片仮名の太い部分が速記符号になるとすれば、片仮名で「アイ」と書く場合はどうでしょう。

　漢字の画数で数えるとそれぞれ２画です。しかし、実際に紙の上で指先を動かす作業は次のようになります。

合計すると8動作で、これを8ストロークといいます。そして、符号は意味の切れ目まで続けます。

です から、2ストロークになります。すると、同じ「アイ」という言葉を書くのに8ストロークと2ストロークの差が出てきます。

　ということは、速記符号をしっかり覚え、仮名と同じように使いこなせれば、それだけで仮名の4倍の速度が出るということですね。速く手を動かすのが速記ではないというわけです。

　ただし、そのためには、知識として理解し、覚えただけでは駄目です。速記符号を読み書きする訓練が必要です。耳で聞いた言葉を書きとめ、さらに書かれたその符号を目で読んで、推敲し、漢字・仮名交じりの文章にする練習を続けることが必要です。

　最終的には人の話す速度のものが書き取れるわけですが、そういう高度の能力を確保するまでの間でもいろいろな利用法があります。

　メモやノート、日記が書けます。座右の銘や自分の思うことを書きとめることもできます。その内容も他人には知られません。手紙なんかにも使えますね。仲間だけの秘密のやり取りも続けられます。

　おしゃべりができないときでも、ノートに速記符号を交互に

168

書いていくことによって、意思の疎通を図ることができます。

　原稿書きなどにも最適です。思いついたことを忘れないうちに書きとめることで、せっかくの発想が無駄になりません。

3 長さで区別する

　ところで、速記文字は同じ形でも長さで違う文字になります。

木　　林　　森

　「木」が並ぶと「林」になります。さらに、「木」がふえると「森」になります。

森　　未　　末

　「森」の中にはいろんな形の「木」があります。その「木」の横線の上に短い横線があると「未来」の「未」になります。もし上に書き足した横線が長ければ「末っ子」の「末」になります。

　ところで、同じ長さの横線が２つ並んでいれば、何と読むでしょうか。これは読めませんね。

　つまり基準の長さの線があれば、それより短い線と長い線とが区別できます。すると、長さ３種類までは十分に書き分け、読み分けができるということになります。

4 曲直の形で区別する

　皆さんは、A地点（スタート）からB地点（ゴール）へ行くのにどんな動きをしますか。

　真っすぐ直線で進む、左に出て右カーブする、右に出て左カーブして目的地に着くということで、1方向で3種類の線が考えられます。これに前回の3種類の長さを組み合わせると、合計して9種類の異なる形の線ができ上がります。

　五十音表の行は幾つありましたか。10行ですね。わ行は1音しかないので特例としますと9行です。そこで、9種類の異なる形を、子音の異なる9行に当てはめるというわけです。

5 各列（母音－aiueo）は5方向で表す

　列（母音）は幾つありましたか。5列ですね。そこで、左横書きで書きつづるのに適した5方向を5列に割り当てます。

　時計の短い針であらわすと、2時＝あ列、3時＝お列、4時＝う列の横3方向と、6時＝え列、7時＝い列の縦2方向です。

6 各行（子音－kstnなど）は長さ3×曲直3の9種で

7 五十音など

（1）あ行　基本の直線で1センチ程度です。

アイウエオ　アン　イン　ウン　エン　オン
~ ~ ~ ~ ~ ~

（2）ン音　小円を、横線（ア・ウ・オ）は上に、縦線（イ・エ）は左につけます。

~ ~ ~ ~ ~ ~

（3）か行　直線のあ行に左回転を加えた曲線です。

カ　キ　ク　ケ　コ　カン　キン　クン　ケン　コン

（曲線の場合、「ン」は小円を内側につけます。）

赤い　イオン　今期　顔　縁故　気温
~ ~ ~ ~ ~ ~

（4）さ行　か行の半分の長さの曲線です。

サ　シ　ス　セ　ソ　サン　シン　スン　セン　ソン

盛ん　塩気　スイカ　河川　思案　すし

171

(5) た行　あ行の半分の長さの直線です。

タ　チ　ツ　テ　ト　タン　チン　ツン　テン　トン

短歌　チキン　塚　手足　として　イタチ

（直線が続く場合、少し戻して書く→濃くなってずれる）

あたか　おとこ　こえて　打つ　位置

～　～　～　～　～　～

(6) 濁音　線の中央に点を、一つづゝ書いてからつけます。

ダクオン　①　②

安打　電気　火山　午前　どこ　姿

～　～　～　～　～　～

(7) な行　直線のあ行に右回転を加えた曲線です。

ナ　ニ　ヌ　ネ　ノ　ナン　ニン　ヌン　ネン　ノン

あなた　かに　ぬか　おかね　軒下　何を

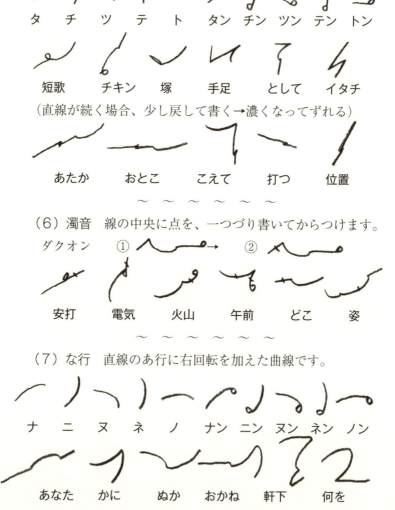

（8）は行　か行の2倍の長さの曲線です。「ヘ」は原則どおりにすると縦長で幅もとるので、短くして半円形にします。

（9）ま行　な行の2倍の長さの曲線です。「メ」は原則どおりにすると縦長で幅もとるので、「ヘ」と同じように短くして半円形にします。

(10) や行＆わ　や行は、あ行の２倍の長さの直線です。

　「ワ」は例外として、「ヘ・メ」と同じく半円形です。
◎助詞「は・へ・を」は、発音どおり「ワ・エ・ヲ」を使います。

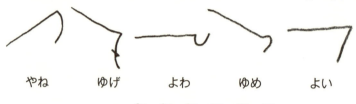

(11) ら行　な行の半分の長さの曲線です。

(12) 促音（ッ）

　前の符号の線尾に次の符号の頭部を交差させて表します。同じ方向の線で交差しにくい場合は、ずらして平行にします。

「促音（ッ）」で終わるときは線尾に切り線（点）をつけます。

あっ　あっと　えっ　えっさ　おっ　おって

(13) 一線練習（いろは・ゆきの）

五十音の復習を兼ねて一線練習の紹介です。
「いろは歌」などを1音ずつ、繰り返し書いてみましょう。規則的な50音順練習から一歩進んだ方法です。
「いろは」の順番は知っていますね。小学校では習いませんでしたか。そのほかに「ゆきの」というものもあります。
書いた後は読み返しましょう。最初は速さより正確第一です。

〔いろは歌〕
いろはにほへと　ちりぬるを　　色は匂へど散りぬるを
わかよたれそ　　つねならむ　　我が世誰そ常ならむ
ういのおくやま　けふこえて　　有為の奥山今日越えて
あさきゆめみし　えひもせす　　浅き夢見じ酔ひもせず

〔ゆきの歌〕
ゆきのふるさと　およめいり　　雪の故郷お嫁入り
いなかあせみち　うまつれて　　田舎畔道馬連れて
わらやねをぬけ　たんほこえ　　藁屋根を抜け田圃越え
はすえにしろく　ひもそへむ　　葉末に白く陽も添へむ

いろは歌

いろはにほへと　　　ちりぬるを

わかよたれそ　　　つねならむ

ういのおくやま　　　けふこえて

あさきゆめみし　　　えひもせす

～　～　～　～　～　～　～

（続けると）

(14) ン音

五十音の復習を兼ねての一覧表です。

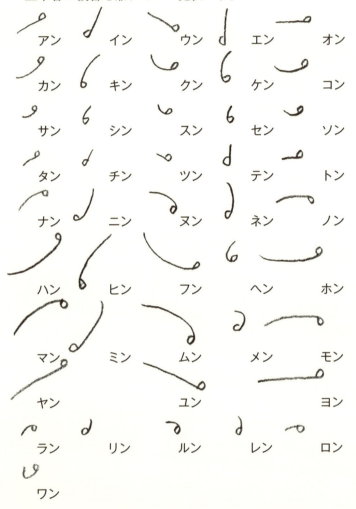

(15) 半濁音

「半濁音」は「は行」の線の頭部に点を、これも濁音と同じく一つづり書いてから後から打ちます。

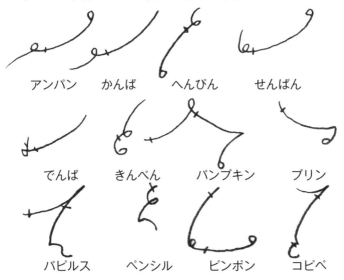

日本語では「促音（ッ）」の後の「は行」は「ぱ行」に変化するので、加点は省いても大丈夫です。

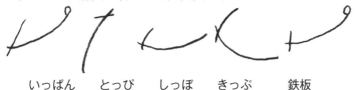

(16) 拗音

　「カ」は直音、「キャ」がその拗音です。ローマ字で書けば、「ka」に「y」を含めると「kya」になります。そこで、「y」に代わるものを「カ（ka）」に含ませることで「キャ（kya）」とします。ただし、後ろにつけると「ン」の小円などと重なるので、前にカギをつけます。

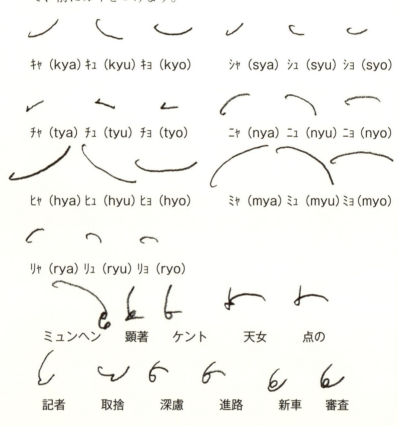

（17）長音

　例えば「応」の振り仮名は「オウ」ですが、実際に聞くと「オウ・オオ・オー」のいずれともはっきり分かりません。しかも、現代はだんだんと早口になって短音の「オ」とも区別がつきにくくなっています。

　同じく「え列」は「エイ・エエ・エー」、「う列」は「ウウ・ウー」、「イ列」は「イイ・イー」と考えられます。

〜　〜　〜　〜　〜　〜

　速記符号では長い音は線尾を流して表します。長（ナガ）いは流（ナガ）すと覚えてください。書道でいえば、線尾で軽く力を抜く「はらい」になります。すると、次の線の間に空間ができます。それが長音の目印です。

　水辺で遊ぶ「水切り（石切り）」を知ってますか。水面を石が滑走していくような感じで、筆先を紙面から少し浮かします。

　なお、言葉の最後に出たときは加点します。

効果　　系統を　　学校へ　　教室　　おしい

8 漢字音

　日本語の名詞は漢字熟語で成り立つことが多いので、それが簡単に書ければ筆記は楽になります。そして、漢字の音読み2音目は「ン・ッ・イ・ウ・キ・ク・チ・ツ」の8音に限られます。

　これまで「ン」は小円、「ッ」は小さな交差・平行で表され

ました。また、「イ・ウ」は、「い・う・え・お列」の長音としてたくさん出てきました。

　ところで、「あ列」の長音は、「ああ・さあ」などの感嘆詞にありますが、出てくる回数は少ないようです。しかし、漢字音としては「アイ・カイ・サイ・タイ・ナイ・ハイ・マイ・ヤイ・ライ・ワイ」と、「あ列＋イ」がたくさん出てきます。

　そこで、「長音」と「イ音」の書き方を1つにまとめると、使いこなすべき速記法則が1つ減ります。つまり同じ流し線で「あ列」だけは、長音ではなく特例として「あ列＋イ」に読みかえるわけです。

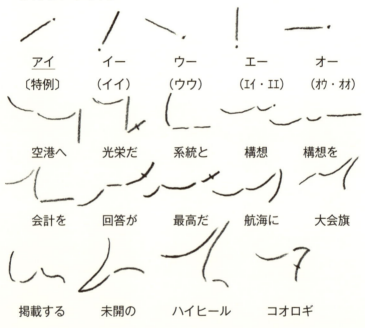

（1）長イ音（流し）

軽く紙面から上げて空白をつくり、次線はその延長上から書く。

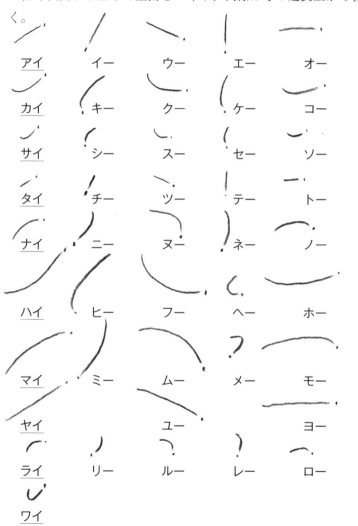

（2）クツ音

漢字音「ン・ッ・イ・ウ・キ・ク・チ・ツ」の8音のうち、残りは「キ・ク・チ・ツ」の4音です。

「キ・ク」の出る場面には特徴があります。「え列」の後には「キ」が出ることが多く、「ク」はほとんど出てきません。そこで、「え列」の後では「キ」に読みかえることとし、大円を「ン」の位置につけます。

「ツ」は密着した長円を「ン」の位置につけます。

なお、「チ」は書きやすい短い線なので、そのまま使います。

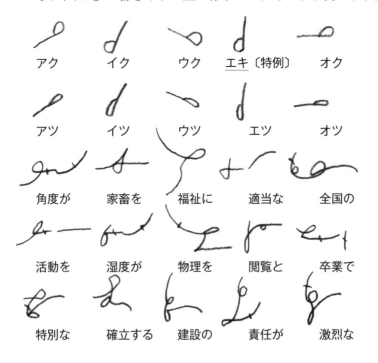

（3）ク・キ音（大円）

ンの位置に大円をつける。（え列につけると「キ音」）

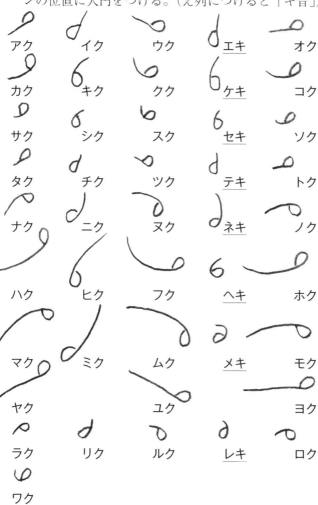

（4）ツ音（長円）

線尾に長円（つぶし円）をつける。

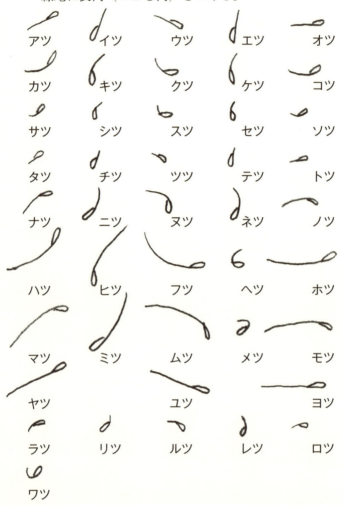

(5）数字

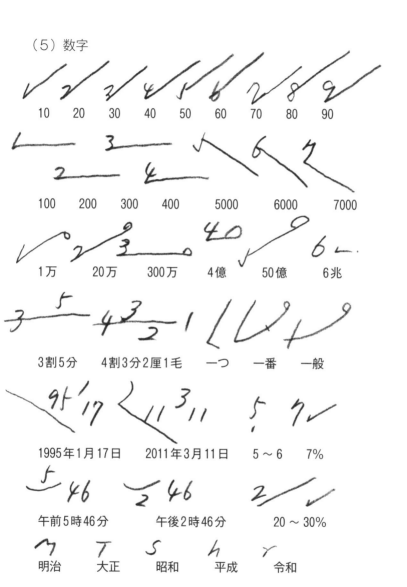

(6) 外来語音

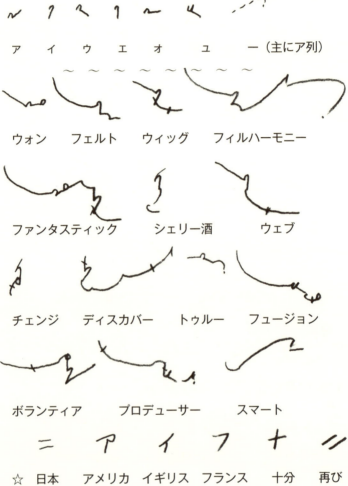

ア　イ　ウ　エ　オ　ユ　ー（主にア列）

ウォン　フェルト　ウィッグ　フィルハーモニー

ファンタスティック　　シェリー酒　　ウェブ

チェンジ　ディスカバー　トゥルー　フュージョン

ボランティア　　プロデューサー　　スマート

☆　日本　アメリカ　イギリス　フランス　十分　再び

（7）繰り返し
　1〜2音……中央に点（横線は下、縦線は右）

　3音以上……アンダーライン

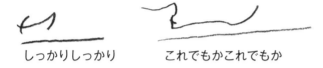

（8）臨時略語　（下線をつける）

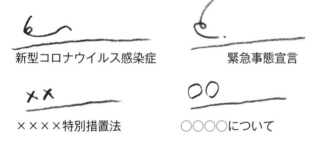

（9）自由略語　（好きな言葉に当てはめてください）

(10)「はもの」の扱い方

助詞「は　　も　　の　　」

◎あ列＋は　　お列＋は　　う列＋は　　え列＋は　　い列＋は

経過は　　　覚悟は　　　絹は　　　　家は　　　　霧は

◎あ列＋も　　お列＋も　　う列＋も　　え列＋も　　い列＋も

経過も　　　覚悟も　　　絹も　　　　家も　　　　霧も

◎あ列＋の　　お列＋の　　う列＋の　　え列＋の　　い列＋の

経過の　　　覚悟の　　　絹の　　　　家の　　　　霧の

（複線に続く「の」は基礎符号を使う）

時間は・も・の　　　時計は・も・の　　　困難は・も・の

190

(11) 速字画（N式） ～ ～ ～

速字画（W式） ～ ～ ～ ～ ～

速字画（V式） ～ ～ ～ ～ ～

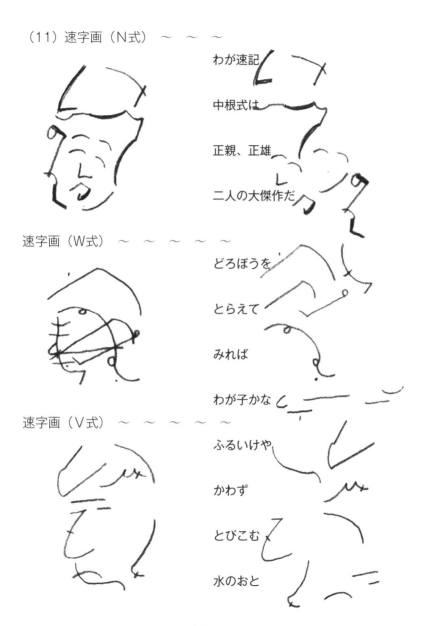

わが速記

中根式は

正親、正雄

二人の大傑作だ

どろぼうを

とらえて

みれば

わが子かな

ふるいけや

かわず

とびこむ

水のおと

9 速記文例

　「みんなの倍速記」の符号紹介はこれで一応終わります。市販されている『みんなの速記入門Ｖ式』の前半とほぼ同じ内容ですから、それに沿って学習されるのもよいでしょう。

　また、ＨＰ「速記春秋」http://steno.web.fc2.com/ にも入門講座がいろいろ紹介されています。その中でも速記対訳シリーズ「坊っちゃん」などを繰り返し読んでいきますと、自然と速記符号が身についていきます。基礎符号だけで検定４〜５級、さらに「漢字音」、「助詞」までの縮記法の符号内容に習熟すれば、検定３〜４級程度の速度まで出ると言われます。

　さらに、速度を上げるために略語というものがあります。詳しくは『みんなの速記入門Ｖ式』や『Ｖ式でらくらく合格速記入門』やＨＰ「速記春秋」などを御覧ください。

　ただ、略語さえ覚えれば、すぐ速度が上がるように思われますが、そうではありません。自然に手先が動くようになるまで練習を積み重ねないと、習熟した基本の書き方にも劣ります。

　一般の教養文化講座では受講すれば知識が得られ、それなりに役立ちますが、速記技能の場合は知識だけでは駄目で、それを使いこなすためにはやはり一定期間の訓練が必要です。繰り返し正確に書くことでスピードは後からだんだんついてきます。まずは基本に習熟し、メモやノートに使ってみてください。

　耳に聞こえた言葉をありのまま理解し、手で書き出し、さらに目で読み返して理解し、言葉に戻す作業は、文字起こしや字幕作成作業に通じ、まさに日本語の高度処理と言えるでしょう。

(1) 速記文例（基礎符号）「千曲川旅情の歌」島崎藤村

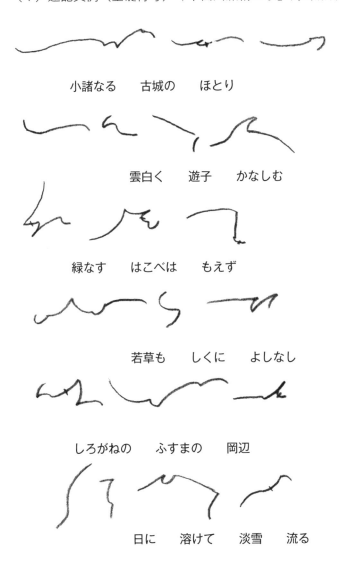

小諸なる　古城の　ほとり

雲白く　遊子　かなしむ

緑なす　はこべは　もえず

若草も　しくに　よしなし

しろがねの　ふすまの　岡辺

日に　溶けて　淡雪　流る

（2）速記文例（基礎符号）『坊ちゃん』夏目漱石

親譲りの無鉄砲で

子どもの時から損ばかり

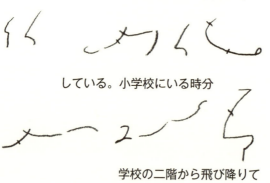

している。小学校にいる時分

学校の二階から飛び降りて

一週間ほど腰を抜かした

ことがある。なぜそんな

（3）速記文例（漢字音・助詞）

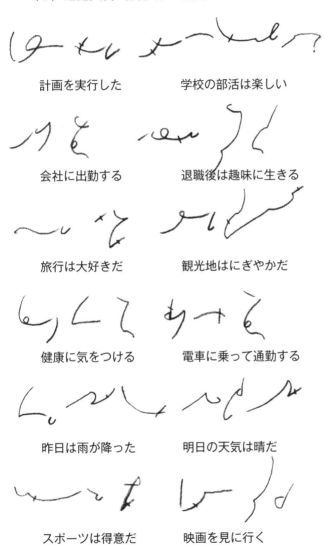

計画を実行した　　　　学校の部活は楽しい

会社に出勤する　　　　退職後は趣味に生きる

旅行は大好きだ　　　　観光地はにぎやかだ

健康に気をつける　　　電車に乗って通勤する

昨日は雨が降った　　　明日の天気は晴だ

スポーツは得意だ　　　映画を見に行く

あ と が き

　私は、地方議会で約40年間、会議録づくりをやってきました。この仕事は、速記符号を使って話を聞き、書き取り、それを起こして記録をつくるという特殊技能です。ところが、現代の録音機や音声認識技術の発展とともに、それらを使えば速記は必要なくなったのではないかと考える人も出てきました。

　しかし、実際のところ、記録調製の仕事は音声の定着をするだけのものではありません。それは仕事の前半部分でしかありません。その後半部分——定着された音声を一般の人にも読める文字で的確に内容を表現することのほうが大きな部分を占めます。

　急速に進化したＩＴ機器等を利用することによって、記録づくりの前半である音声の定着は比較的楽になってきましたが、話されたままでは記録としての体裁も正確さも不十分なものです。そのため後半の仕上げ部分は相変わらず人間の頭脳に頼らなければ、視聴者が明快に理解できる文書はでき上がりません。

　これは広く考えれば、音声の定着だけでなく思想の定着、つまり自分の考えや想いを定着すること——提案や論文や日記などの個人的文書を含め、発想を正確適切に文書として書きとどめるためにも必要なことではないでしょうか。テレビの字幕作成等の仕事も最終的には同じ経過をたどります。

　ですから、日本語を扱うすべての人に何らかの参考になるという、そんなノウハウ——誤りのない正確・適切な言葉への気づきを本書で少しでも提供できれば幸いに存じます。

著者プロフィール

小谷 征勝（こたに まさかつ）

中学時代より速記を学習、1965年速記士資格取得。神戸市御影高校速記部にて早稲田・中根等複数方式を習得。1968年新方式発表。1969年検定1級合格。1970年より2008年まで神戸市議会速記士。速記教育研究所主宰。
公益社団法人日本速記協会理事、速記科学研究会幹事、速記懇談会幹事、近畿速記士連盟理事長等を歴任。

主な著書 『速記ガイド』（速記ガイド編集委員会名義、速記教育研究所、1982年）、『ビジネスマンのワープロ楽打法』（グループak⁴m名義、オーエス出版、1987年）、『増補・改訂版！ Ⅴ式でらくらく合格速記入門』（インデックス・コミュニケーションズ、2011年）、『みんなの速記入門Ⅴ式』（大学教育出版、2012年）。

MILLIONS OF ROSES © Copyright 1982 by Raimonds Pauls and Andrej Voznesenskij . Rights for Japan controlled by Victor Music Arts, Inc

誤記・誤用　言葉に気づき倍速記
〜メモ・ノート、文字起こし・字幕 etc. 〜

2025年3月15日　初版第1刷発行

著　者　小谷 征勝
発行者　瓜谷 綱延
発行所　株式会社文芸社
　　　　〒160-0022　東京都新宿区新宿1－10－1
　　　　　　　　電話 03-5369-3060（代表）
　　　　　　　　03-5369-2299（販売）

印刷所　株式会社フクイン

©KOTANI Masakatsu 2025 Printed in Japan
乱丁本・落丁本はお手数ですが小社販売部宛にお送りください。
送料小社負担にてお取り替えいたします。
本書の一部、あるいは全部を無断で複写・複製・転載・放映、データ配信することは、法律で認められた場合を除き、著作権の侵害となります。
ISBN978-4-286-26332-8　　日本音楽著作権協会（出）許諾第2409895－401号